普通高等教育高职高专"十三五"规划教材

大学生创业指导

主编 刘磊 黄小娥

中国水利水电出版社
www.waterpub.com.cn
·北京·

内 容 提 要

本教材为普通高等教育高职高专"十三五"规划教材大学生创新创业课程，依据高校人才培养方案和课程建设的目标与要求，经过编写组多次调研和讨论确定的课程内容进行了编写。本教材共分10章，内容包括创业精神培养，创新思维训练，创业团队组建，创业机会识别，商业模式，创业计划书写作，创业资源，创业融资，创办新企业，创业体验。为增加教材的实用性和趣味性，教材中引用了丰富的创业名言和创业案例，每章后均安排了相应的实训任务。

本教材为高等院校教学用书，也可供有志于创新创业的社会人员自学和参考。

图书在版编目（CIP）数据

大学生创业指导 / 刘磊，黄小娥主编. -- 北京：中国水利水电出版社，2017.9
普通高等教育高职高专"十三五"规划教材
ISBN 978-7-5170-5795-6

Ⅰ．①大… Ⅱ．①刘… ②黄… Ⅲ．①大学生－创业－高等职业教育－教材 Ⅳ．①G647.38

中国版本图书馆CIP数据核字（2017）第205176号

书　名	普通高等教育高职高专"十三五"规划教材 **大学生创业指导** DAXUESHENG CHUANGYE ZHIDAO
作　者	主编　刘磊　黄小娥
出版发行	中国水利水电出版社 （北京市海淀区玉渊潭南路1号D座　100038） 网址：www.waterpub.com.cn E - mail：sales@waterpub.com.cn 电话：(010) 68367658（营销中心）
经　售	北京科水图书销售中心（零售） 电话：(010) 88383994、63202643、68545874 全国各地新华书店和相关出版物销售网点
排　版	中国水利水电出版社微机排版中心
印　刷	三河市鑫金马印装有限公司
规　格	184mm×260mm　16开本　10印张　237千字
版　次	2017年9月第1版　2017年9月第1次印刷
印　数	0001—2000册
定　价	**25.00元**

凡购买我社图书，如有缺页、倒页、脱页的，本社营销中心负责调换
版权所有·侵权必究

普通高等教育高职高专"十三五"规划教材之

中高职衔接系列教材
编 委 会

主　任	张忠海		
副主任	潘念萍		
委　员	韦　弘	龙艳红	蔡永强
	陆克芬	邓海鹰	陈炳森
	梁文兴（中职）	宁爱民	黄晓东
	马莲芝（中职）	陈光会	方　崇
	梁小流	李维喜（中职）	
秘　书	黄小娥		

本书编写人员

主　编	刘　磊	黄小娥	
参　编	万方同	钟　霞	黄宝丽
	覃伟赋	韦　弘	蔡永强
主　审	潘念萍		

前言 QIANYAN

本教材是依据教育部创新创业课程大纲和高等学校"十三五"规划课程建设目标与要求进行编写的。教材力求体现实用性和实训性，在写作方法上，理论与实践相结合；在结构安排上，循序渐进，逻辑性强；在教材使用上，便于学生学习和组织教学，有利于学生掌握基础理论和全面提高学生的实践能力。

本教材的编写是青年创业、大学生创业在国家战略层面受到重视的背景下提出的。党的十八届三中全会发布的《中共中央关于全面深化改革若干重大问题的决定》提出，从完善扶持创业的优惠政策，完善公共就业创业服务体系和实行激励高校毕业生自主创业政策等方面健全促进就业创业体制机制。2015年5月，国务院办公厅印发了《关于深化高等学校创新创业教育改革的实施意见》，这是党和国家在新时期为建设创新型国家、实现"两个一百年"奋斗目标和中华民族伟大复兴中国梦，提供强大的人才智力支持的重大战略部署，对新时期高校创新创业教育赋予了新要求、提出了新任务。在这样的背景下，中国高校把创新创业作为教育教学改革的重点推上了日程。为了更好地适应国家实施科教兴国战略和人才强国战略的需要，落实国家促进大学生就业创业和深化高等学校创新创业教育改革的政策措施，促进高等教育与科技、经济、社会紧密结合，培养大批创新创业人才，编写组结合高职生源的特点和高职创新创业教育实际，特编写了本教材。

本教材是普通高等教育高职高专"十三五"规划教材之中高职衔接系列教材中的一本，由广西壮族自治区县级中专综合改革帮扶奖补经费项目予以资助。

本教材是多家单位协同合作创新的成果。既有高职院校广西水利电力职业技术学院教师的参与，也有本科院校江西理工大学教师的付出；既有教育类企业超星公司员工的成果，也有创新创业大学生提出的宝贵修改建议。本教材中涉及的案例、论述等参考文献的作者对教材的形成有重要的贡献。在此，一并向上述人员表示衷心的感谢。

为了编好本教材，编写组先后组织多次调研和讨论，召开了多次编写组专家论证会，广泛听取各方面意见，同时也参阅了国内外创新创业的优秀教学成果。尽管如此，由于编者水平有限，仍难免存在一些不妥之处，热忱希望使用本教材的各类人士提出宝贵意见，对书中的缺点和错误给予批评指正。

编 者

2017 年 6 月

目录 MULU

前言

创业准备阶段

第一章　创业精神培养 ································· 3
　第一节　什么是创业精神 ································· 4
　第二节　为什么现在需要创新精神 ························· 6
　第三节　如何培养创业精神 ······························· 8
　【实训任务】 ·· 10

第二章　创新思维训练 ································ 13
　第一节　用创新思维激发创意 ···························· 14
　第二节　创新思维训练之奥斯本法则（6M法则） ············ 16
　第三节　创新思维训练之六顶思考帽 ······················ 18
　第四节　创新思维训练之头脑风暴法 ······················ 20
　【实训任务】 ·· 21

第三章　创业团队组建 ································ 23
　第一节　创业团队及其角色分配 ·························· 24
　第二节　创业团队组建过程 ······························ 30
　第三节　创业团队问题诊断与处理 ························ 35
　【实训任务】 ·· 39

第四章　创业机会识别 ································ 40
　第一节　谈谈创业机会与来源 ···························· 41
　第二节　识别创业机会的三个基本技巧 ···················· 43
　第三节　掌握创业精神的实训技能训练 ···················· 47
　【实训任务】 ·· 48

创业计划阶段

第五章　商业模式 ···································· 51
　第一节　谈谈商业模式 ·································· 52
　第二节　设计商业模式的方法 ···························· 54

第三节　大学生创业商业模式设计的技能训练 ································ 64
　【实训任务】 ·· 68

第六章　创业计划书写作 ·· 70
　　第一节　创业计划书概述 ·· 71
　　第二节　创业计划书的撰写与评价 ·· 72
　　第三节　创业计划书的制订过程 ·· 73
　【实训任务】 ·· 76

第七章　创业资源 ·· 77
　　第一节　谈谈创业资源 ·· 79
　　第二节　获取创业资源的基本技巧 ·· 83
　　第三节　创业资源整合和利用的实践方法 ·· 86
　【实训任务】 ·· 89

第八章　创业融资 ·· 91
　　第一节　选择合适的创业融资方式 ·· 92
　　第二节　创业融资计划书 ·· 96
　　第三节　创业融资项目路演 ·· 97
　【实训任务】 ·· 107

创业实施阶段

第九章　创办新企业 ·· 111
　　第一节　谈创办新企业 ·· 112
　　第二节　创办新企业的基本流程 ·· 114
　　第三节　新创企业发展实践战略 ·· 119
　【实训任务】 ·· 123

第十章　创业体验 ·· 124
　　第一节　产品简介 ·· 124
　　第二节　主要功能 ·· 125
　　第三节　系统启动 ·· 126
　　第四节　创业计划 ·· 129
　　第五节　创业管理 ·· 130
　　第六节　总结 ·· 136

附录　创业计划书模板 ·· 138
　　一、企业概况 ·· 140
　　二、创业计划作者的个人情况 ·· 140
　　三、市场评估 ·· 140
　　四、市场营销计划 ·· 140

五、企业组织结构 …………………………………………………… 142
六、固定资产 ………………………………………………………… 143
七、流动资金（月）………………………………………………… 145
八、销售收入预测（12个月）……………………………………… 147
九、销售和成本计划 ………………………………………………… 148
十、现金流量计划 …………………………………………………… 149

参考文献 ………………………………………………………………… 150

创业准备阶段

第一章 创业精神培养

【经典语录】

创业者最大的快乐就在于创业过程中去学习、去提升。

——阿里巴巴创始人 马云

【学习目标和实训要求】

学习目标：了解创业精神的内涵与特征、基本方法和类型。

实训要求：掌握创业精神的三个基本技巧。

【重点与难点】

重点：掌握创业精神的三个基本技巧。

难点：学以致用，对现实生活中遇到的问题进行创业精神的训练。

【本章知识结构】

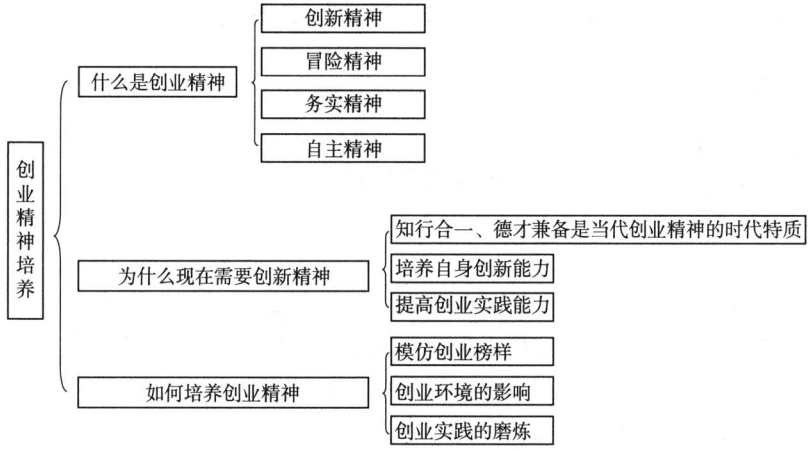

【案例引入】

马云的创业精神

马云的创业精神，就是那种敢于干大事、做品牌、闯天下、不走寻常路的精神。从中国文化的角度来看，马云不愧是一位新儒商的杰出代表。马云虽然没有"海归"的耀眼光环，却也不乏海外文化的滋养；他从小成长于"草根"阶层，对中国国情有着深刻的理解。如果不是因为下海经商，他本可以成为一名杰出的英语教师。一旦下海经商，他就把知识的力量、文化的作用发挥到极致。马云又是一个演讲天才，虽然他的声音不够浑厚、不够高亢，但他能让人热血沸腾，并顺着他的方向思考。马云的演讲天马行空，给人以"拨得云开见月明"的感觉，在他的众多演讲中不乏许多脍炙人口的经典语句，时有惊艳四座的"狂言痴语"。几年来，马云演讲的场所扩大到了全世界。他多次应邀在美国的哈佛大学、斯坦福大学、耶鲁大学、英国的沃顿商学院等全球培养MBA的顶尖学府和达沃斯论坛、世界企业峰会上演讲，不遗余力地推广品牌，宣传造势。他有敏锐的市场意识，善于抓住每一次稍纵即逝的市场机会，不断创造出新的市场。对于每个关乎创业成败与生死存亡的抉择，阿里巴巴都作出了正确的抉择，看似时运的"偶然"，实是智慧的"必然"。"观乎天文，以查时变；观乎人文，以化成天下"。只有关乎人文的企业家，才能给经济运行赋予更多的文化内涵，使文化资源转变为更多的经济价值，实现文化与经济的有机融合，做到源于经济又高于经济、源于文化又高于文化，从而不断提升企业的"硬实力"和"软实力"。多年来，马云最让人们钦佩的不是他的财富，而是他所倡导的社会价值观，企业责任与社会责任的和谐统一。成大业者必须目光远大、志存高远，但也必须脚踏实地、求真务实。马云为创业者树立了榜样。在"资源有限、创意无限"的创意时代，在以创新为主要推动力的新一轮创业中，我们强烈呼唤马云这种顶天立地的创业品格、创业气度，期待涌现出更多善于把经济文化化、文化经济化的"新儒商"。

思考：讨论马云具备创业者的哪些素质？

第一节 什么是创业精神

哈佛大学商学院对创业精神的定义是："创业精神就是一个人不以当前有限的资源为基础而追求商机的精神。"从这个角度来讲，创业精神代表着一种突破资源限制，通过创新来把握机会、创造价值的行为，而不是简单地体现在创造新企业上。因此，创业精神可以简单地概括为：没有资源创造资源，没有条件创造条件，用有限的资源去创造更大的资源。

创业的道路是坎坷的，选择了创业就是选择了面对更多困难、迎接更多挑战，而创业精神就体现在战胜困难与挑战的过程。虽然创业常常是以开创新公司的方式产生，但创业精神不一定只存在于新企业。一些成熟的组织，包括政府、事业单位等机构，只要有比较旺盛的创新活动和风气，该组织也同样具备创业精神。

创业精神类似一种能够持续创新成长的生命力，一般可分为个体的创业精神及组织的创业精神。个体的创业精神，是指在个人意愿的引导下，从事创新活动，进而创造一个新事业；而组织的创业精神则是在一个组织内部，以群体力量追求共同意愿，从组织创新活动，进而开创组织的新面貌。要培养创业精神，首先要理解创业精神中所包括的创新精神、冒险精神、务实精神和自主精神。

一、创新精神

创新精神是创业精神的核心。创新精神之所以成为创业精神的核心，归根结底是由创业活动的开拓性所决定的。由于创业是一种创造性的活动，本身就是对现实的超越，就是一种创新，因此，创业离不开创新，创新是创业的源泉。美国著名管理学大师德鲁克认为创业就是要标新立异，打破已有的秩序，按照新的要求重新组织。因为"理论、价值以及所有人类的思维和双手创造出来的东西都会老化、僵死。我们需要的是一个创业的社会，在这个社会中，创新和创业精神是正常的、稳定的和持续的。正如管理已成为所有现代机构的特有机制，成为组织社会的主体职能一样，创新和创业精神也必须成为维持我们组织、经济和社会之生存所不可或缺的活动"。具体到精神领域，创业则意味着要树立将变革视为正常的、有益的现象的精神，树立一种寻找变革、适应变革，并将变革当做开创事业的机会的精神，树立一种保护资源以新的价值的创造性的行为能力。

创业的本质是创新，创新就意味着突破。这样的突破可能是产品创新，如苹果手机；可能是技术创新，如英特尔的芯片；可能是商业模式创新，如亚马逊的网络图书销售。如果忽视创业背后所蕴藏的创新、社会责任感等创业精神的本质要义，将金钱作为创业的全部，那么这种企业肯定是没有好的发展的。

二、冒险精神

冒险精神指个人在不确定的情况下把握机会的方向。米顿曾把创业者看成是喜欢冒险的人，认为他们在任何时候都准备寻找并管理杂乱无章的情境，正因为他们能够避免风险，因此他们常常为接受风险做好准备。任何一项创业活动都不可能自始至终保持一帆风顺，特别是在知识经济时代的今天，创业者必须有较强的风险意识，对于具备扎实的知识基础但缺乏经营经验的大学生们来说，面对机会能否冒险并果断做出决策是决定他们走上创业的关键第一步。

创业是充满风险的，这也是将创业投资的资金称为"风险资金"的原因。有研究指出，企业经营者为追求成功就必须承担合理、计算过的风险，所追求的利润越高，风险则越大，更有甚者必须冒着失败的风险以追求预期利润。亨谢尔认为，经营者成功的要素之一是要有创意地承担风险，即愿意承担合理的、估计过的风险。

三、务实精神

务实精神是创业精神的归宿。务实精神是中华民族自古以来就普遍重视和提倡的一种精神，它包括多重含义，要求人们办实事、求实效、实事求是，以致达到名副其实。创业就是要创立一番事业，它是一种实实在在的实践活动，需要扎扎实实地付出艰苦的努力。要使创业的意识、创业的目标，知识、才能和品德有所体现，实现其价值，必须靠脚踏实地地、创造性地劳动。没有这种务实的劳动，人就无法确定创业的精神与社会需要之间的价值关系，就无法使创业的理念变成现实，使创业的计划变成财富，也无法实现其创业的根本价值。

四、自主精神

个人主动性这个概念最早是由国际应用心理学会主席弗里斯教授在20世纪90年代提出的，是指个体采取积极和自发的方式，通过克服各种障碍与挫折来完成工作目标和任务的行为方式。有研究表明，个人主动性水平高者能充分利用挑战和机会甚至能在这些基础上进行创造，能积极参与一个正在飞速发展的世界。个人主动性可以作为协调人类资源管理系统和组织绩效的一个因素，个人主动性水平高者更易投入到新工作的创新上。弗里斯认为，相对非创业者来说，创业者在个人主动性上的得分更高并更能克服困难。库普等人还发现个人主动性与创业的成败有一定的关系。

自主精神是创业精神的基础。如果对创业实践做具体的分析，就会发现它除了具有实践活动的普遍特征外，还具有高于一般的实践活动的特征，在人的自觉能动性方面，它特别突出了人的自主精神，即自由创造、自主创业、自立自强的精神。创业精神的强弱，取决于人们自主创业的意愿，这种意愿也就是人的创业需要、创业动机，以及由此升华而成的创业理想，它构成了人们的创业意识。创业意识从本质上说就是一种自强自立的精神，它是人们创业的内在动力，是创业精神的基础内容。需要越强烈，动机越纯正、越切合实际，信念越坚定，创业精神就越持久、越稳定，有了这种持续稳定的精神支持，创业活动才会持之以恒，越挫越勇。

第二节　为什么现在需要创新精神

具备创业精神，可以准确反映出用人单位和社会发展对人才需求的动态。进入智力发展的新时代，创业能力代表追求更高层次的学习方法和思维方法。

在正常的竞争环境下，想要获得更高的生产率，必须要拥有比他人更丰富的知识。创业精神是新时代赋予我们需要掌握的技能，从以知识输入为中心的做法转换为创新能力——将学习掌握的知识进行解释、判断，重新置换成属于自己的资源。对工作和学习创造性地赋予价值，成为不可替代。

拓展阅读

惠普车库法则

- 相信你可以改变世界。
- 迅速工作，随时工作，时时工作待命。
- 了解何时该独立自主，何时该团队合作。
- 与同仁分享你的主意与工具，信任他们。
- 不玩政治，杜绝官僚作风。
- 由客户来决定你的工作是否做得很好。
- 激进的创见不一定是馊主意。
- 创造不同的工作方法。
- 每天要有贡献。如果你当天成果没有贡献，就不应该离开车库。
- 相信团队合作可以万事皆成。
- 发明创新。

创业精神是创业的灵魂，是推动社会发展的精神动力。作为中国特色社会主义建设的主力军和接班人，当代大学生不仅要有创业的一腔热血，而且要有为实现中华民族伟大复兴献身的精神，而这种精神就是创业精神。

一、知行合一、德才兼备是当代创业精神的时代特质

大学生创业者要成为具有独立创业精神的新型人才,真正担负实现"中国梦"的历史使命,必须坚持知识、能力、素质的辩证统一。知识是能力和素质的载体,包括科学文化知识、专业基础与专业知识、相邻学科知识;能力是在掌握了一定知识的基础上经过培养和实践锻炼而形成的,丰富的知识可以促进能力的增强,能力的增强可以促进知识的获取,能力主要包括获取知识的能力、运用知识的能力、创新能力;素质是指人在先天生理基础上,受后天环境教育影响,通过个体自身的认识和社会实践,养成的比较稳定的身心发展的基本品质,高的素质可以使知识和能力更好地发挥作用,促进知识和能力进一步扩展和增强。坚持知识、能力、素质的辩证统一,注重素质教育,重视创新能力的培养,才能适应 21 世纪经济社会发展对人才的需求。

二、培养自身创新能力

创新是一个社会实现发展的永恒动力。大学生,特别是大学生创业者,作为国家未来发展的接班人和推动社会进步的主力军,理应自觉担负起改革创新的重担。为此,大学生创业者要自觉培养自身的创新能力。

牢固树立创新理念。大学生创业者要始终坚信,一成不变,注定不会进步;而开拓创新,成功只是朝夕问题。思维的独立性是增强大学生创业者创新能力的必备前提,这就要求大学生创业者要在学习和创业实践中,自觉发展独立思考的能力;在思维实践中不迷信前人、不墨守成规、依赖已有经验,独立发现问题、思考问题,着力培养独立解决问题的能力;对待创业实践中的新问题,要独立思考、独立研究、独辟蹊径找寻解决问题的有效方法。

加强创新学习。坚持用最新、最先进的理论成果武装自己。创新作为创造性思维的活动指向,必须要以丰富的知识占有为前提条件。没有坚实的知识储备,就不可能产生联想,也就不可能引发"头脑风暴",实现思维创新。

在日常生活和学习中,从练习、推理、多问几遍为什么、观察中进行假设。认真对待日常生活学习中涉及的练习问题;养成利用空闲时间对难度较大的逻辑问题进行推理的习惯;平时针对原因和结果反复多问几遍"为什么";从日常的观察中养成推理的习惯,积极借鉴成功经验。坚持扬弃原则,取人之所长,补己之所短,切不可照搬、照抄或全盘否定他人经验,在借鉴中学习、在学习中创新。

三、提高创业实践能力

理论与实践的脱节、动手能力不强是导致当前大学生创业失利的重要原因。为此,在高等教育中,要充分尊重学生的主体创新地位,要转变长期以来形成的单向传授知识、以考试分数作为衡量教育成果的唯一标准以及过于呆板的教育制度。创立、创建学生能进行综合动手试验的外部环境,鼓励学生利用课余时间参加一定的社会实践活动,增强学生对社会的了解并进而加强对社会的适应能力。21 世纪是信息的时代,要重视和加强培养学生收集处理信息的能力、获取新知识的能力、分析问题和解决问题的能力。另外,创新创

业培养的途径很多，比如：开设创新创业课程，形成创新创业人才培养的课程体系；开展研究性学习与创新性实践，推出创新实验室，课堂教学和课外培养双环节相结合的方法等。

总之，创新创业教育是当前大学教育的重中之重。说到创新创业问题，哈佛商学院教授斯蒂文先生总结得非常好，他说："创业是不拘泥于资源约束的前提下把握机会，整合资源。"课堂教学和课外培养都是培养学生创新创业精神和实践必不可少的环节。要想培养具有创新创业精神和实践能力的新时期大学生，必须从教育、学习、生活等各个方面入手，才能塑造出综合素质过硬、适应未来经济社会发展需求的创新创业人才。创业精神的培养既取决于客观条件的许可，又依赖于学生主观的努力，无论社会、学校还是个人，都要积极营造有利于人才脱颖而出的氛围，努力培养学生的独立创业。

第三节　如何培养创业精神

创业精神是可以培养和习得的，培养创业精神主要为模仿创业榜样、创业环境的影响、创业实践的磨炼。

一、模仿创业榜样

每一个创业者在创业初期，都应该对已经创业成功或者没有成功的人做尽可能多地了解，但这种学习不要对自己的创业形成束缚。因为人们所学会的每一件事都是实践的结果，而每一个创业者在创业历程中，都不可避免地犯过错误，任何一位企业家都会牢记自己和其他创业者经历了怎样的磨难才取得今天的成功，其中最典型的就是汽车大王亨利·福特曾经破产过四次。

但是，创业实践证明：学习别人成功的经验，可以使人更快成功；吸取别人失败的教训，可以使人不复制失败。就像家长从小就告诫孩子不要用手去摸太热的东西一样，实际上如果没有家长的教诲，这个世界上不知要多出多少被烫伤的事情。

二、创业环境的影响

首先，经受竞争环境的考验。不良的创业心理品质往往表现为自卑胆怯，它往往来源于成功经验的缺乏。当今社会充满竞争和挑战，需要大学生大胆展示自己，充分发展自己，努力把握各种创业的机会。这就要有敢想、敢做、敢闯、敢冒险的心理品质，这些心理品质只能从行动中来、从竞争中来、从实践中来。因此，大学生应积极参与竞争，不要坐等机会的来临，只要有机会就大胆地去争取，多从事几种职业、多参与几次竞争是好事并非坏事，通过竞争积累成功的经验，通过竞争取得自信的快乐，通过竞争战胜孤僻、害羞、怯懦等心理障碍。

其次，经受不利环境的磨砺。生活比别人苦点、工作比别人累点、环境比别人差点，这也是一种磨炼创业心理品质的方法。环境在给人施加压力的同时，也为人准备了一份智慧和才能，人们最出色的事业往往是在承受巨大压力下取得的。

最后，要积极主动学习。通过各种途径主动学习和了解创业的相关知识，掌握创业过程中涉及的各方面知识，学会学习，学会创造。

三、创业实践的磨炼

实践是增强创业意识与才干的重要途径。通过实践，可以看到从体验到创业的艰辛，提高自己的心理承受力，锻炼自己的创业心理品质；可以促使书本知识与实践有机结合，培养创业者的组织管理能力、社交能力、创造能力等多方面的才能。

（1）培育学校要构建创业实践基地，为大学生提供创业实践的便利，如创业实习基地和创业园等，实现产、学、研一体化。

（2）社会要为学生提供更多的创业岗位供学生选择，如勤工俭学岗位、社区服务岗位等，使其经受创业实践熔炉的考验。

（3）学生自己课余主动参与创业实践，从小商品推销到饭店洗盘子，从为人打工到自己开店，熟悉各种职业特点和自己的能力特点，积累创业实践，增长创业才干，减少将来创业的盲目性。只有经受创业实践的锻炼，创业目标才会更加明晰，创业信念才会更加强烈，才会形成良好的创业者心理素质。

拓展阅读

敢为人先的温州精神

温州是一个特别能创业的城市，联合国工业发展联合组织确定温州为"全球最具活力的城市"。活力何在？一方水土养一方人，特定的历史传统加上特定的地理环境，形成温州人特定的人文环境，进而成为温州民营经济发展的内在条件。

温州人特别能创业，具体表现为"三强"：创新意识特别强。具有第一个"吃螃蟹"的冒险精神，曾经涌现了"胆大包天""胆大包地""胆大包海""胆大包江"等一批典型。创业欲望特别强。"人人想当老板，人人争当老板，人人都有创业冲动。"他们能够义无反顾地打拼天下，哪里有市场哪里就有温州人，哪里有温州人哪里就有市场。吃苦精神特别强。"白天当老板，晚上睡地板""白天吃冷馒头，晚上睡车站码头"，是温州人艰苦创业的真实写照。温州人特别能创业的精神集中体现在"四敢"：敢想、敢干、敢闯、敢为人先。

敢想。市场经济的规律告诉我们：唯思路常新才有出路。温州人能想别人不敢想、行别人不敢行、做别人不敢做的事，自然就能发现别人视而不见的商机，赚别人赚不了的钱，钱来源于头脑，钱会往有头脑的人口袋里钻。正所谓："脑袋空空口袋空空，脑袋转转口袋满满。"成功与失败，富有与贫穷，只不过一念之差。温州人借力（脑）赚钱，集思广益，多想对策。经济学家把温州民营经济蓬勃发展的现象比喻为"草根"经济，"一有土壤就发芽，给点阳光就灿烂。"

敢干。"不唯书，只唯实。"温州人兴办企业，做生意赚钱，不看伟人讲了没有，也不看别人做过没有，只看实践中需不需要，实践中能不能做得通。只要实践中需要的而且又能做通的，法律明文没有禁止的，他们就会千方百计地去做。对一些是非一时难以说清楚的事，他们不是先争论清楚再干，而是不争论，先干起来，理论总结以后再说。温州人思维中，没有"等、靠、要"这些概念，白手起家当老板，从小老板到大老板，生意从国内做到国外，能做别人不愿做的事，能吃别人不愿吃的苦，能忍别人无法忍受的事，就能挣别人挣不了的钱。

敢闯。温州人血液中流淌的都是"时间就是金钱""时间就是效率""时间就是商机"等信条，因而其创业意识与众不同：敢闯敢试。不管做什么生意，只要能使企业生存发展，只要能赚钱，不管别人怎么讲，都要试一试、闯一闯。特别是温州人生活观念与众不同：把吃饭睡觉叫生活，把做工创业叫"做生活"。这种原始的主观能动性无疑就是推动温州民营经济发展的内在动力。

敢为人先。有人说，淘金者要有梦想，发财者要有胆量。温州企业家恰好具备这两种创造了一个又一个"全国第一"。随着企业的发展和新时期的新要求，很多成功企业家都在抓紧时间充电。如今，有的经过几年努力，由原来的小学、初中文化程度变为硕士、博士；有的每月一次坐飞机到北京、上海、深圳等地听专题讲座，更新知识，提升能力。他们认定一个理："打天下"主要靠胆量，长久地"坐天下"必须靠见识。

【实训任务】

结合本章所学，由5～7人组成一个小组，通过查阅文献、网络搜索、小组头脑风暴等途径，对案例中体现的创业精神进行讨论。并让小组的代表用5分钟左右时间分享收获和体会。

同班同学：身价15亿与月工资5000元之间的区别

故事主角

刘立荣，湖南益阳人，金立通讯集团董事长兼总裁，身家15亿，手机月均销量45万部，年销售量超500万部，集团年利润超过3亿。李盛，湖南新化人，刘立荣的大学同窗，现为上海一电子公司的技术员，月收入5000元。

四年同窗

1990年9月，李盛考取了中南大学，办完报到手续回到宿舍时，看到一个同学正埋头独自下围棋，他便说："兄弟，我们来两盘行吗？"他就是刘立荣。那天下午，他俩共下了三盘，李盛轻松地全赢了。此后，同宿舍的他俩经常在课余下棋、聊天。刚开始，李盛棋艺占优，刘立荣从没赢过。可一个学期下来，刘立荣居然能让李盛三个子了。李盛很纳闷地问："你怎么提高得这么快？"刘立荣说："你下棋根本不思考，怎么能有进步？"

大二，为了赚取生活费，刘立荣提出利用晚自习后的时间，到各个男生宿舍去卖牛奶和面包，每人负责两栋宿舍。刚开始，两人每晚都能赚六七元钱，可不久刘立荣的钱越赚越多，李盛却越赚越少。李盛不服气，可两人调换推销宿舍后，刘立荣每晚还是能多赚七八元钱，而李盛依然越赚越少。一天，刘立荣看到李盛穿着一身汗透了的球衣，抱着食物箱就准备出门，他才恍然大悟地说："你太不注意细节了。像你这样脏兮兮的，谁敢买你的食品呀？"李盛听从了刘立荣的建议，此后每晚出门前将自己收拾得干干净净，一段时间后，他的"生意"果然渐渐好了起来。

大学毕业找工作时，尽管刘立荣专业成绩并不出色，但却有三家单位争着要他。最后，刘立荣选择了去天津有色金属研究所，而学习成绩好的李盛好不容易才将工作落实在长沙一家动力机车厂。

南下淘金差距初现

1995年3月30日，两个同窗好友坐上了南下的火车……

他们去中山小霸王电子智能科技公司应聘技术员。出门前，李盛不慎碰翻水杯，将两人的简历浸湿了。他们将简历放在电风扇前吹吹后，李盛把简历和其他一些东西放进了包里，就连连催刘立荣快走。可刘立荣却将简历夹进一本书里，又认真地压平整，才双手将书捧在胸前出门。到了小霸王公司的招聘现场，负责招聘的副总经过交谈，对他俩良好的专业知识很满意。下午，刘立荣被通知去面试，并且应聘成功。没得到面试机会的李盛急得快哭了。刘立荣便说："我们去问问。"当他们询问时，那位副总马上反问李盛："你连自己的简历都没能力保管好，我怎能相信你工作上的能力？"最终，在刘立荣的帮助下，李盛才和刘立荣一样被小霸王公司聘为技术员。

上班后，两人又同住一间宿舍，一同上下班，一起吃饭，一起抽7元钱一包的红双喜香烟，甚至凑钱买了一套罗蒙西服轮流穿，工作上也互相帮忙。1995年6月底，技术主管让他俩各自设计一套程序。李盛凭着过硬的专业知识，一个晚上就完成了。次日上午，他在宿舍里美美地睡了一觉，下午一进办公室，发现双眼充满血丝的刘立荣仍在埋头查资料，他便说："你还磨蹭！我来帮帮你吧！"在他的帮助下，刘荣下午也完成了设计。李盛说："差不多了，休息吧。"说完，他便又回到宿舍睡觉去了。李盛离开后，已经两天一夜没睡觉的刘立荣又将程序检查了好几遍，即便觉得没有瑕疵了，他还是将图重新誊写了一遍，直到自己满意才离开。第二天，技术主管看了图纸后，说："从你们交上来的图纸看，小李的专业基础很扎实，可图纸潦草、脏乱，对工作太毛躁了；小刘的图纸一丝不苟，做事踏实，令人放心……"李盛不服气地想：图纸你看得懂不就行了，干嘛非要清洁干净不可？真是吹毛求疵！

1995年10月底，技术部一台车床启动时，起落架无法收回，导致无法运转。主管技术的副总检查后，发现原来是起落架上的插销没有拔出。故障排除后，刘立荣写了一份标准操作规范贴在机器上，不但写清不要忘记拔插销，而且对插销要怎么拔，拔出后后退几步，放在何处，都写得清清楚楚。李盛不屑地说："你这不是多此一举吗？大家有了教训，应该已经记在心里了。"然而，副总来检查工作时，看到这张注意事项，高兴地说："写得好，如果都像你一样，留下注意事项，新员工就会避免犯同样的错误了。"1996年11月，技术部主管辞职后，公司领导认为刘立荣办事认真细致，经手的事很少出错，于是将专业知识不如李盛的刘立荣提拔为技术主管，而给李盛只是象征性地涨了200元工资。1997年10月，公司为了鼓励刘立荣，分给他一套两室一厅的房子。为他搬家的那天，李盛心里很失落：才进公司两年，他怎么就成了我的上司了呢？

1998年4月，小霸王公司副总裁杨明贵准备去东莞，自己组建金正数码科技有限公司。他将自己一直赏识的刘立荣带到了东莞，担任副总。在刘立荣的推荐下，杨明贵也将李盛带到了东莞，担任技术部主管。

2000年5月的一天晚上，刘立荣一边与李盛下棋，一边打电话对公司文员再三叮嘱：

"从东莞去广州，你一定要给他买靠右边窗口的车票，这样他坐在车上就可以看到凤凰山；如果他去深圳，你就要给他买左边靠窗的票……"李盛不解地问："到底接待谁呀，你这样婆婆妈妈？"刘立荣说："台湾顺翔公司的杨总，他出门时不喜欢坐汽车而喜欢坐火车。这样，他一路可以欣赏凤凰山的风景。"李盛笑道："这些小事你也装在心里，累不？"可令他没有想到的是，这件小事竟给公司带来了2000万元的业务。

原来，4个月后，台湾的杨总在和刘立荣聊天时，无意中问起这个问题。刘立荣说："车去广州时，凤凰山在您的右边。车去深圳时，凤凰山在您的左边。我想，您在路上一定喜欢看凤凰山的景色，所以替您买了不同的票。"杨总听了大受感动，说："真想不到，你们居然这么注重细节，和你们合作，可以让我放心了！"杨总当即将本已决定交给别的公司的2000万元订货单，改交给了刘立荣。李盛听说此事后，心里也很震撼！

2001年10月，金正数码科技有限公司发展为集团公司，刘立荣也升任集团公司副总裁。可不久，李盛却给公司带来了损失：技术部新开发的模具，本该在右边的零件被设计到了左边，一条价值400多万元的生产线全报废了。尽管刘立荣向董事长求情，李盛还是被撤了职务，成为普通的技术员。几天后，李盛从金正数码公司辞职，在东莞市虎门镇兴利电子公司找到了一份做技术开发的工作。

不同的命运

2002年7月的一天，李盛与刘立荣在虎门镇相遇。刘立荣告诉李盛，自己准备辞职成立一家属于自己的通讯设备公司，并邀李盛和他一起干，可李盛摇了摇头，说："我已经买了房子，不想再奔波了……"

2009年3月，兴利电子公司由于受金融风暴的影响破产了，李盛只得到深圳另找工作。此时，刘立荣的金立集团已成为国内手机企业的重要品牌，他自己身家15亿。李盛想过请昔日的哥们刘立荣帮助自己谋一份职位，却又觉得没脸相求。2009年9月，他在上海的一家电子公司重新找到了工作，月薪5000元。

接受采访时，李盛反省说："以前，我总觉得刘立荣职务扶摇直上，事业飞黄腾达，是一种偶然和幸运；我现在才明白，他是因凡事注意细节，才不断进步。细节决定命运啊！"

（资料来源：http：//www.aiweibang.com/yuedu/caijing/249763.html，本文装载于《互联网金融》周末荐文）

第二章 创新思维训练

【经典语录】

　　创新的灵魂是创新思维。

　　　　　　　　——企业家、创新专家　郎加明

【学习目标和实训要求】

　　学习目标：了解创新思维的内涵与特征、基本方法和类型。

　　实训要求：掌握几种常见创新思维训练的基本要点；对现实生活中遇到的问题进行实践训练，找到创新答案。

【重点与难点】

　　重点：掌握几种常见创新思维训练的基本要点。

　　难点：学以致用，对现实生活中遇到的问题进行创新思维实践训练。

【本章知识结构】

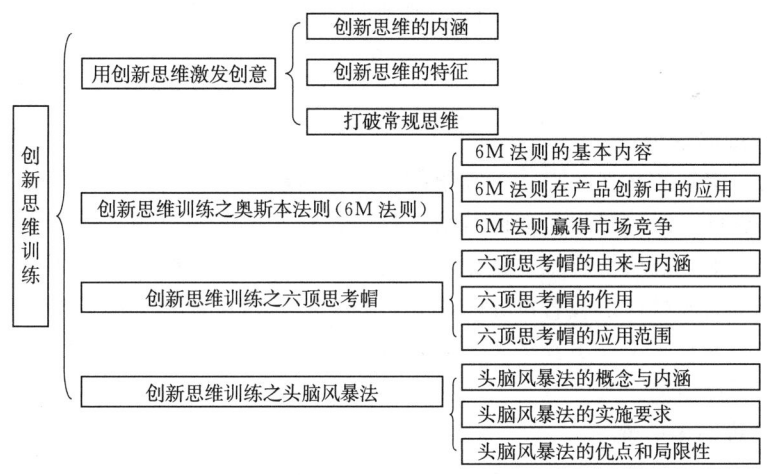

【案例引入】

　　大英图书馆是世界上最大的学术图书馆之一。相传，大英图书馆老馆年久失修，在新的地方建了一个新的图书馆，新馆建成后，要把老馆的书搬到新址去。这本来是一个搬家公司的活儿，没什么好策划的，把书装上车，拉走，摆放到新馆即可。问题是按预算需要350万英镑，图书馆里没有这么多钱。眼看着雨季就到了，不马上搬家，这损失就大了。怎么办？馆长想了很多方案，但还是一筹莫展。

　　思考：假如您是大英图书馆的馆长，您会采取什么方案解决这个问题？假如您是这个图书馆的馆员，您有什么建议方案？

第一节 用创新思维激发创意

一、创新思维的内涵

广义上来说，创新思维是一种具有开创意义的思维活动，泛指人们在提出问题和解决问题的过程中，一切对创新成果起作用的思维活动。创新思维不仅表现为作出了完整的新发现和新发明，而且还表现为在某些局部的结论和见解上具有新奇独到之处的方法和技巧。

狭义上来说，创新思维是专指人们在创新活动中直接形成的创新成果的思维活动，如一种新的理论的建立，新技术的发明或对新的艺术形象进行塑造的思维活动。它往往表现为发明新技术、形成新观念，提出新方案和决策，创建新理论等。

在创新思维活动中，头脑中已有的信息经过重新组合，将创新意识的感性愿望提升到理性的探索上，实现创新活动由感性认识到理性思考的飞跃，从而揭示事物或现象的本质特征及其规律性。

综合以上，创新思维可以被定义为，是指以新颖独创的方法解决问题的思维过程。这种思维强调突破常规或习惯的界限，以超常规甚至反常规的方法、视角去思考问题，提出与众不同的解决方案，从而产生新颖的、独到的、有社会意义的思维成果。

二、创新思维的特征

1. 创新思维的独创性

这是创新思维的最基本特点。创新思维活动是新颖的独特的思维过程，它打破传统和习惯，不按部就班，解放思想，向陈规戒律挑战，对常规事物怀疑，否定原有的框框，锐意改革，勇于创新。在创新思维过程中，人的思维积极活跃，能从与众不同的新角度提出问题，探索开拓别人没认识或者没完全认识的新领域，以独到的见解分析问题，用新的途径、方法解决问题，善于提出新的假说，善于想象出新的形象，思维过程中能独辟蹊径，标新立异，革新首创。

2. 创新思维的多向性

创新思维不受传统的单一的思想观念限制，思路开阔，从全方位提出问题，能提出较多的设想和答案，选择面宽广。思路若受阻，遇有难题，能灵活变换某种因素，从新角度去思考，调整思路，善于巧妙地转变思维方向，产生适合时宜的新办法。

3. 创新思维的综合性

创新思维能把大量的观察材料、事实和概念综合一起，进行概括、整理，形成科学的概念和体系。创新思维能对占有的材料加以深入分析，把握其个性特点，再从中归纳出事物规律。

4. 创新思维的联动性

创新思维具有由此及彼的联动性，是创新思维所具有的重要的思维能力。联动方向有三个方向：一是看到一种现象会向纵深思考，探究其产生原因；二是逆向，发现一种现象，则想到它的反面；三是横向，能联想到与其相似或相关的事物。总之，创新思维的联动性表现为由浅入深，由小及大，触类旁通，举一反三，从而获得新的认识、新的发现。

5. 创新思维的跨越性

创新思维的思维进程带有很大的跨越性，省略了思维步骤，思维跨度较大，具有明显的跳跃性和直觉性。

正因为创新思维具备上述特征，作为创新思维的直接成果——创意就产生了。创意是一种突破，是在产品、营销、管理、体制、机制等方面主张的新突破。创意起源于人类的创造力、技能和才华，创意来源于社会又指导着社会发展。

提示：

继续本节开头的案例：

正当馆长苦恼的时候，一个馆员问馆长苦恼什么？馆长把情况给这个馆员介绍了一下。几天之后，馆员找到馆长，告诉馆长他有一个解决方案，不过仍然需要150万英镑。馆长十分高兴，因为图书馆有这么多钱。

馆员说："好主意也是商品，我有一个条件。"

"什么条件？"馆长问。

"如果把150万全花尽了，那全当成我给图书馆做贡献了，如果有剩余，图书馆把剩余的钱给我"；

"那有什么问题？350万我都认可了，150万以内剩余的钱给你，我马上就能做主！"馆长很坚定地说。

"那咱们签订个合同？"馆员意识到发财的机会来了。

合同签订了，不久实施了馆员的新搬家方案：图书馆在报纸上发出了一条惊人的消息："从即日起，大英图书馆免费、无限量向市民借阅图书，条件是从老馆借出，还到新馆去……"结果，图书馆没有花费1分钱，而馆员则靠着自己的智慧大赚了150万英镑。

结合本案例和上述知识点，谈谈对创新思维的内涵及其特征的认识。

三、打破常规思维

1. 打破定势思维

思维定势也称惯性思维，是由先前的活动而造成的一种对活动的特殊的心理准备状态，或活动的倾向性。思维定势是一种按常规处理问题的思维方式，它可以省去许多摸索、试探的步骤，缩短思考时间，提高效率。在日常生活中，思维定势可以帮助人们解决每天碰到的90%以上的问题。但是思维定势不利于创新思考，不利于创造。消极的思维定势是束缚创造性思维的枷锁。

2. 突破偏见思维

几乎在人类学会思考的同时，思维认识上的偏见便产生了。任何一个人，任何一种思维都代表着一种偏见，这是谁也不可能逃避的。思维偏见源自于人认识问题的出发点不同，从不同的角度去认识事物便得出不同的结论，这些结论便是各执一词的偏见。常见的偏见思维有：

(1) 经验偏见。一头驴子背盐渡河，在河边滑了一跤，跌在水里，那盐溶化了。后来有一回，它背了棉花，以为再跌倒，可以同上次一样，于是走到河边的时候，便故意跌倒在水中。可是棉花吸收了水，驴子非但不能再站起来，而且一直向下沉，直到淹死。驴子为何死于非命？很重要的一个原因是他们都机械地套用了经验，受了经验偏见思维的影响，他们未能对经验进行改造和创新。

(2) 利益偏见。所谓利益偏见不是指由于你的利益关系会导致你立论时有意识的明显偏颇，而是指一种无意识的偏斜——对公正的微妙偏离。利益偏见更普遍的情况则是所谓的"鸡眼思维"，也就是马克思所说的："愚蠢庸俗、斤斤计较、贪图私利的人总是看到自以为吃亏的事情；譬如，一个毫无修养的粗人常常只是因为一个过路人踩了他的鸡眼，就把这个人看作世界上最可恶和最卑鄙的坏蛋。他把自己的鸡眼当做评价人们行为的标准"。事实上，大多数的恋人都认为自己找到了世上最好的人，大多数孩子也都会得出结论说自己的父母是世界上最好的父母。所谓"王婆卖瓜自卖自夸"其实就是一种典型的利益偏见思维模式。

(3) 位置偏见。尼克松总统"水门事件"被黜后，跌至人生谷底，这时他才得以悟出："最美的风景不是登上峰顶所看到的，而是下到谷底抬头所体会到的"这句话。每个人都生活在一定的社会坐标体系中，各种思想无不打上其鲜明的烙印。在一些企业里，老板总抱怨员工出工不出力、磨洋工，员工总抱怨老板发的钱太少、心太黑。这其实就是各自所处的位置不同，才导致双方似乎无法弥合的思维差距。

(4) 文化偏见。所有的人都受到自己所在地域、国家、民族长期积淀的文化的影响，看待问题的角度不可避免地打上文化、宗教、习俗的烙印。著名华裔人类学家许烺光（曾任美国人类协会主席）在《美国人与中国人》一书中十分严肃地举了一个例子："在一部中国电影中，一对青年夫妇发生了争吵，妻子提着衣箱怒冲冲地跑出公寓。这时，镜头中出现了住在楼下的婆婆，她出来安慰儿子：'你不会孤独的，孩子，有我在这儿呢。'看到这儿，美国观众爆发出一阵哄笑，中国观众却很少会因此发笑。"这两种截然不同的反应所透出的文化差异是明显的，在美国人的观念中，婚姻是两个人的私事，其间的性关系是任何别的感情无法替代的。而中国观众却能恰当地理解母亲所说的含义。这正如一些美国留学生在读了《红楼梦》后，总是不解地问中国教授："为什么宝玉和黛玉不偷些金银财宝然后私奔呢？"中国教师知道这不是一个工具性问题，很难用一两句话解释得清。

第二节 创新思维训练之奥斯本法则（6M 法则）

一、6M 法则的基本内容

"奥斯本 6M 法则"，是世界创造学之父美国的奥斯本提出的。通过发问 6 个"May（可以）"，来获取创造、创新灵感的捷径。

其基本内容是：

(1) 可以改变吗？能否改变功能、形状、颜色、气味等？是否还有其他改变的可能性？

(2) 可以增加吗？能否增加尺寸、增加使用时间、增加强度、增加新的特征等？
(3) 可以减少吗？能否省去、减轻、减薄、减短、减少？
(4) 可以替代吗？能否用其他材料零部件、能源、色彩来取代？
(5) 可以颠倒吗？能否上下、左右、正反、里外、前后颠倒？目标和手段颠倒？
(6) 可以重新组合吗？零部件、材料、方案等能否重新组合？能叠加、复合、化合、混合、综合吗？

二、6M 法则在产品创新中的应用

根据"奥斯本 6M 法则"，可以采用以下六个方面的思考，实现创新。

(1) 改变。即改变功能、颜色、形状、气味和其他；比如尺——加长——卷尺，手表——加大——钟，自行车——变结构——水上自行车、冰上自行车等。

(2) 增加。即增加尺寸、强度和新的特征；比如气球——变重量——篮球、铅球等。

(3) 减少。即做好减轻、减薄、减短、减去过多功能，至少是一时用不上的功能；如电子管改成集成块，体积减小了；信件直接印上邮票，就不须再贴邮票了，隐形眼镜就是让眼镜片减薄，减小，再减去镜架；一个乐队用唱片代替既减少了开支，又方便点歌。

(4) 替代。即用其他材料、零部件、能源、色彩来取而代之。如曹冲是用石头等量替代大象，铝塑管代替金属管，餐巾纸代替手帕等。

(5) 颠倒。就是将某一事物的形态、性质、功能以及正反、里外、横竖、上下、左右、前后等加以颠倒，从而产生新发明。"司马光砸缸救人"就是其中一例，司马光打破思维的常规——把人拉出水，采用将缸砸破让水流走，从而救人一命。正反可穿的衣服、汽车的反光镜都属于这类例子，温度计也是受液体胀——热、缩——冷的反向思考发明的，电动机反过来用就成了发电机。

(6) 重组。将某一事物和另一事物，利用它们之间的联系，对零部件、材料方案等重新组合，产生新功能和新事物。包括叠加、复合、化合、混合、综合等。如剃须与刮须连在一起的多功能剃须刀，多功能的车床，电动车既可以电动也可以脚动。再如，铅笔＋橡皮——带橡皮头的铅笔，电视＋电话——可视电话，音响＋电视＝卡拉 OK 机等。

三、6M 法则赢得市场竞争

在市场经济条件下，产品供不应求是不多见的，大多数商品都会处于一种饱和状态，即使某种商品出现了供不应求，也会在短时期内出现供求平衡甚至供过于求，这是市场资源配置的结果。事实上，很多企业都在刻意应用"6M 法则"创新产品。

佳能公司在进入复印机市场时，美国施乐公司已通过为大公司提供高速复印机牢牢地控制着市场。然而佳能公司在产品创新上狠下工夫，一开始就把产品的市场目标定位在为中小型企业服务，同时也为消费者制造个人复印机。施乐公司强调自己机器的速度，而佳能公司则把创新产品的质量与价格作为自己公司的核心优势。这样经过 20 年的努力，佳能公司已成为复印机市场的领导企业。1985 年雷诺汽车公司因产品滞销、库存激增，市场占有率下降、财政亏损、债台高筑等步入困境，新董事长贝斯上任后，突出利用技术抓产品换型，两年之间，推出了六个新车型。与 1985 年相比，1986 年新型轿车销售量增长了24.2%。贝斯依靠产品创新终使企业又兴旺起来。

再如小小的指甲钳市场，从表面上看我国市场并不缺，然而国产指甲钳质量不高，却是消费者共同抱怨的。一家企业因此发现了商机，运用6M创新法则，毅然投资千万元生产出高质量的指甲钳。前不久，中国五金制品协会宣布，该企业生产的指甲钳质量上乘，现已出口到东南亚、欧美市场。事实上很多貌似无市场的产品其实有很大的潜在市场。

小资料：

亚历克斯·奥斯本（1888—1966），创造学和创造工程之父、头脑风暴法的发明人，创设了美国创造教育基金会，开创了每年一度的创造性解决问题讲习会，并任第一任主席，所著《创造性想象》的销量曾一度超过《圣经》的销量。1953年和帕内斯教授在纽约州立大学布法罗学院创办了世界上第一个创造学系，开始招收创造学专业的本科生和硕士研究生。

创造学家奥斯本并非天才人物，他从美国汉密尔顿大学毕业后，在《水牛城市报》任职，但是，21岁时失业。有一天，他到一家报社去应聘，主考人问他："你从事写作已有多少年？"他回答说："只有三个月，但是请你看一看我的文章吧！"主考人看完后对他说："从你写的文章来看，你既无写作经验，又缺乏写作技巧，文句也不通顺，但是内容富有创新性，录用你试一试吧"。奥斯本由此领悟到"创新性"的可贵，工作后，积极主动地开发自己潜在的创新力，并尽力在工作中发挥出来。后来，这位在报社工作的小职员，不仅成为了一名大企业家，而且还成为当代创造学的奠基人。

第三节　创新思维训练之六顶思考帽

一、六顶思考帽的由来与内涵

六顶思考帽方法，是指使用六种不同颜色的帽子代表六种不同的思维模式。它是英国学者爱德华·德·博诺（Edward de Bono）博士开发的一种思维训练模式，或者说是一个全面思考问题的模型。它提供了"平行思维"的工具，避免将时间浪费在互相争执上。运用博诺的六顶思考帽，将会使混乱的思考变得更清晰，使团体中无意义的争论变成集思广益的创造，使每个人变得富有创造性。

六顶思考帽代表了六种思维角色，几乎涵盖了思维的整个过程。其具体内涵是：

（1）白色思考帽。白色是中立而客观的。戴上白色思考帽，人们思考的是关注客观的事实和数据。

（2）黄色思考帽。黄色代表价值与肯定。戴上黄色思考帽，人们从正面考虑问题，表达乐观的、满怀希望的、建设性的观点。

（3）黑色思考帽。戴上黑色思考帽，人们可以运用否定、怀疑、质疑的看法，合乎逻辑的进行批判，尽情发表负面的意见，找出逻辑上的错误。

（4）红色思考帽。红色是情感的色彩。戴上红色思考帽，人们可以表现自己的情绪，还可以表达直觉、感受、预感等方面的看法。

（5）绿色思考帽。绿色代表茵茵芳草，象征勃勃生机。绿色思考帽寓意创造力和想象力。它具有创造性思考、头脑风暴、求异思维等功能。

（6）蓝色思考帽。蓝色思考帽负责控制和调节思维过程。它负责控制各种思考帽的使用顺序，它规划和管理整个思考过程，并负责做出结论。

二、六项思考帽的作用

六项思考帽是创新思维工具，也是人际沟通的操作框架，更是提高团队智商的有效方法。六项思考帽是一个操作简单、经过反复验证的思维工具，它给人以热情、勇气和创造力，让每一次会议，每一次讨论，每一份报告，每一个决策都充满新意和生命力。

这个工具能够帮助人们：

（1）提出建设性的观点。

（2）聆听别人的观点。

（3）从不同角度思考同一个问题，从而创造高效能的解决方案。

（4）用"平行思维"取代批判式思维和垂直思维。

（5）提高团队成员的集思广益能力，为统合综效提供操作工具。

三、六项思考帽的应用范围

六项思考帽既可以有效地支持个人的行为，也可以支持团体讨论中的互相激发。六项思考帽的应用关键在于使用者用何种方式去排列帽子的顺序，也就是组织思考的流程。只有掌握了如何编织思考的流程，才能说是真正掌握了六项思考帽的应用方法，不然往往会让人们感觉这个工具并不实用。

对六项思考帽理解的最大误区就是仅仅把思维分成六个不同的颜色。六项思考帽不仅仅定义了思维的不同类型，而且定义了思维的流程结构对思考结果的影响。帽子顺序非常重要。我们可以想象一个人写文章的时候需要事先计划自己的结构提纲，以便自己不会写得混乱，一个程序员在编制大段程序之前也需要先设计整个程序的模块流程，思维同样是这个道理。

六项思考帽可以作为个人思考的创新工具。假设一个人需要考虑某一个任务计划，那么他有两种状况是最不愿面对的，一个是头脑之中的空白，他不知道从何开始；另一个是他头脑的混乱，过多的想法交织在一起造成的淤塞。六项思考帽可以帮助他设计一个思考提纲，按照一定的次序思考下去。就这个思考工具的实践而言，它会让大多数人感到头脑更加清晰，思维更加敏捷。

在团队应用当中，最大的应用情境是会议，这里特别是指讨论性质的会议。在多数团队中，团队成员被迫接受团队既定的思维模式，限制了个人和团队的配合度，不能有效解决某些问题。运用六项思考帽模式，团队成员不再局限于某一单一思维模式，而且思考帽代表的是角色分类，是一种思考要求，而不是代表扮演者本人。因为这类会议是真正的思维和观点的碰撞、对接的平台，而我们在这类会议中难以达成一致，往往不是因为某些外在的技巧不足，而是从根本上对他人观点的不认同造成的。在这种情况下，六项思考帽就成为特别有效的沟通框架，不仅可以有效避免冲突，而且可以就一个话题讨论得更加充分和透彻。所以会议应用中的六项思考帽不仅可以压缩会议时间，也可以加强讨论的深度。

除此以外，六项思考帽也可以作为书面沟通的框架，例如用六项思考帽的结构来管理电子邮件，利用六项思考帽的框架结构来组织报告书、文件审核等。除了在工作和学习当中，在家庭生活当中使用六项思考帽也经常会取得某些特别的效果。

第四节 创新思维训练之头脑风暴法

一、头脑风暴法的概念与内涵

头脑风暴法又称智力激励法、BS法（Brain Storming）、自由思考法，是由美国创造学家A·F·奥斯本于1939年首次提出、1953年正式发表的一种激发性思维的方法。此法经各国创造学研究者的实践和发展，至今已经形成了一个发明技法群，深受众多企业和组织的青睐。

头脑风暴法又可分为直接头脑风暴法（通常简称为头脑风暴法）和质疑头脑风暴法（也称反头脑风暴法）。前者是在专家群体决策尽可能激发创造性，产生尽可能多的设想的方法，后者则是对前者提出的设想、方案逐一质疑，分析其现实可行性的方法。

头脑风暴何以能激发创新思维？根据A·F·奥斯本及其他研究者的看法，主要有以下几点：

（1）联想反应。联想是产生新观念的基本过程。在集体讨论问题的过程中，每提出一个新的观念，都能引发他人的联想。相继产生一连串的新观念，产生连锁反应，形成新观念堆，为创造性地解决问题提供了更多的可能性。

（2）热情感染。在不受任何限制的情况下，集体讨论问题能激发人的热情。人人自由发言、相互影响、相互感染，能形成热潮，突破固有观念的束缚，最大限度地发挥创造性的思维能力。

（3）竞争意识。在有竞争意识的情况下，人人争先恐后，竞相发言，不断地开动思维机器，力求有独到见解，新奇观念。心理学的原理告诉我们，人类有争强好胜心理，在有竞争意识的情况下，人的心理活动效率可增加50%或更多。

（4）个人欲望。在集体讨论解决问题的过程中，个人的欲望自由，不受任何干扰和控制，是非常重要的。头脑风暴法有一条原则，不得批评仓促的发言，甚至不许有任何怀疑的表情、动作、神色。这就能使每个人畅所欲言，提出大量的新观念。

二、头脑风暴法的实施要求

（1）确定组织形式。

1）小组人数一般为10~15人，最好由不同专业或不同岗位者组成。

2）时间一般为20~60分钟。

3）设主持人一名，主持人只主持会议，对设想不作评论。设记录员1~2人，要求认真将与会者每一设想不论好坏都完整地记录下来。

（2）根据需要选择会议类型。

1）设想开发型：这是为获取大量的设想、为课题寻找多种解题思路而召开的会议，因此，要求参与者要善于想象，语言表达能力要强。

2）设想论证型：这是为将众多的设想归纳转换成实用型方案召开的会议。要求与会者善于归纳、善于分析判断。

（3）确定主题和人员。会议主题提前通报给与会人员，让与会者有一定准备；主持人要熟悉并掌握该技法的要点和操作要素，摸清主题现状和发展趋势；参与者要有一定的训练基础，懂得该会议提倡的原则和方法；会前可进行柔化训练，即对缺乏创新锻炼者进行打破常规思考，转变思维角度的训练活动，以减少思维惯性，从单调的紧张工作环境中解放出来，以饱满的创造热情投入激励设想活动。

（4）需要遵循的几个原则。为使与会者畅所欲言，互相启发和激励，达到较高效率，头脑风暴法应遵守如下原则：

1）延迟评判原则。对各种意见、方案的评判必须放到最后阶段，此前不能对别人的意见提出批评和评价。认真对待任何一种设想，而不管其是否适当和可行。

2）自由畅想原则。欢迎各抒己见，自由鸣放，创造一种自由、活跃的气氛，激发参加者提出各种荒诞的想法，使与会者思想放松，这是智力激励法的关键。

3）以量求质原则。追求数量。意见越多，产生好意见的可能性越大，这是获得高质量创造性设想的条件。

4）综合改善原则。探索取长补短和改进办法。除提出自己的意见外，鼓励参加者对他人已经提出的设想进行补充、改进和综合，强调相互启发、相互补充和相互完善，这是智力激励法能否成功的标准。

三、头脑风暴法的优点和局限性

头脑风暴法作为一种创新思维工具，具有显而易见的优势：一是它激发了想象力，有助于发现新的风险和全新的解决方案；二是它让主要的利益相关者参与其中，有助于进行全面沟通；三是这种方法效率高；四是方便易行，很容易开展。

头脑风暴法也存在一些局限性，在应用时需要注意：

（1）参与者可能缺乏必要的技术及知识，无法提出有效的意见。

（2）由于头脑风暴法相对松散，因此较难保证过程的全面性。

（3）可能会出现特殊的小组情况，导致某些有重要观点的人保持沉默而其他成员成为讨论的主角。

（4）实施成本较高，要求参与者有较好的素质，这些因素是否满足会影响头脑风暴法实施的效果。

【实训任务】

实训项目：应用头脑风暴法解决问题：哪项功能在现在手机里缺少，而人们又十分需要？

实训目的：了解头脑风暴法的涵义和实施程序、操作要点，学会应用头脑风暴法解决现实中的问题。

实训步骤：

（1）以10～15人为一个小组，确定头脑风暴会议讨论的主持人、记录人，鼓励邀请组外嘉宾。

（2）就本实训项目提出的问题实施头脑风暴。

实训要求：

（1）为取得较深入的讨论成果，会议时长不少于40分钟。

（2）提交会议讨论记录。

（3）以头脑风暴会议为基础，整理形成本小组的讨论成果，以PPT形式展示宣讲。

第三章 创业团队组建

【经典语录】

　　我觉得我这个团队是我最大的财富，我就最珍惜这个。

——知名企业家、商界领袖　史玉柱

【学习目标和实训要求】

　　学习目标：了解创业团队的组建流程，准确把握个人及其他成员的团队角色；了解创业团队的类型，联系现实案例，总结成功创业团队的要素与特征。

　　实训要求：开展贝尔宾团队角色测评；组建自己的创业团队；能够对创业团队中存在的常见问题进行诊断和处理。

【重点与难点】

　　重点：选择合适的成员，组建自己的创业团队。

　　难点：对创业团队组建过程中存在的常见问题进行诊断和处理。

【本章知识结构】

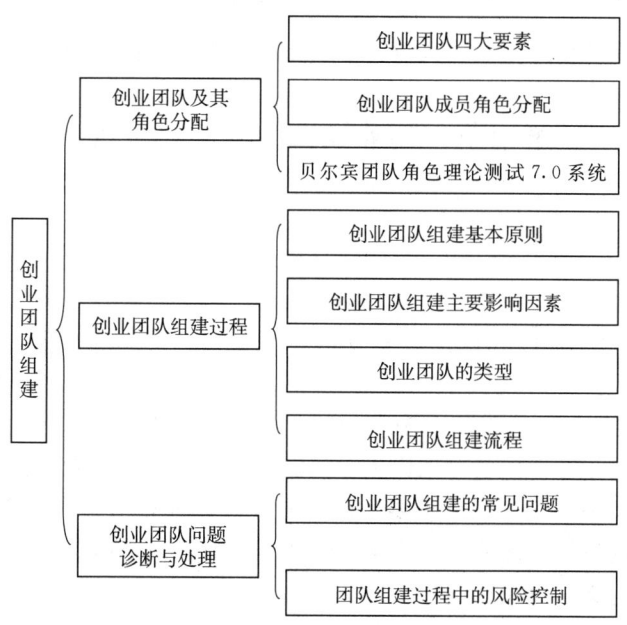

第三章　创业团队组建

【案例引入】

做好创业的战略规划只是第一步，拥有一个优秀的团队更加重要

1989年，郭广昌从复旦大学毕业后留校任教。3年后他和他的4个同学用借来的3.8万元创业，如今已经坐拥200多亿资产，复星集团也成为我国民营企业三甲，并在医药、房地产、钢铁、商业四个领域都有出色表现。复星的成功源于5人的创业团队。他们5个人就像5根手指，哪根也少不得。5根手指攥紧，就是一只拳头。当年创办广信科技（源于郭广昌和梁信军的名字，1993年更名为复星科技）时，郭广昌在复旦大学团委工作，梁信军是校团委调研部长，汪群斌是生命学院团总支书记，范伟是学校影印社的经理，谈剑还在读书。他们几个人除了在学校就建立了良好的关系，还有许多共同之处：比如有共同的理想，共同的人生哲学。在企业理念上，郭广昌提出修身、齐家、立业、助天下的"九字"思想作为复星创业的共同追求。复星集团创业时的几个人都是团干部出身，都希望做一些个人能力不能企及的事业，都不太在乎物质方面的享受，家庭成员也支持他们的理念，而且他们有团队合作的精神，他们都同意他们创造的事业终将归社会。如今，在复星多元化的产业链条中，郭广昌成为整个企业集团的灵魂。郭广昌是个极具魄力的领导者。他情商高，能很好地整合与协调团队；梁信军现在是副董事长兼总裁，是复星投资和信息产业的领军人物。梁信军的口才好、反应快、精力充沛、善于沟通交流，这些几乎是复星创业团队公认的，所以他做了集团的党委书记和新闻发言人；汪群斌是复星实业总经理，专攻生物医药；范伟掌管房地产；谈剑负责体育及文化产业，作为5人中唯一的女性，谈剑的特殊优势体现在政府公关等事务。如今复星的董事会的人数由当初的5人增加到7人，新增加的是财务、法律、人力资源等方面的专家。

思考：分析复星科技的创业团队组建案例，指出成功的创业团队应该具备哪些特征？

第一节　创业团队及其角色分配

一、创业团队四大要素

在一项针对104家高科技企业的研究报告指出，在年销售额达到500万美元以上的高成长企业中，有83.3%是以团队形式建立的；而在另外73家停止经营的企业中，仅有53.8%有数位创始人。这一模式在一项关于"128公路一百强"的研究中表现得更为明显：100家创立时间较短、销售额高于平均数几倍的企业中70%有多位创始人。这说明，一个喜欢独立奋斗的创业者固然可以谋生，然而一个团队的营造者却能够创建出一个组织或一个公司，而且是一个能够创造重要价值并有收益选择权的公司。创业团队的凝聚力、合作精神、立足长远目标的敬业精神会帮助新创企业渡过危难时刻，加快成长步伐。

那么，该如何定义创业团队呢？

创业团队是指在创业初期（包括企业成立前和成立早期），由一群才能互补、责任共担、愿为共同的创业目标而奋斗的人所组成的特殊群体。

一般而言，创业团队由四大要素组成：

（1）目标。目标是将人们的努力凝聚起来的重要因素，从本质上来说创业团队的根本目标都在于创造新价值。

（2）人员。任何计划的实施最终还是要落实到人的身上去。人作为知识的载体，所拥有的知识对创业团队的贡献程度将决定企业在市场中的命运。

（3）团队成员的角色分配，即明确各人在新创企业中担任的职务和承担的责任。

（4）创业计划，即制订成员在不同阶段分别要做哪些工作以及怎样做的指导计划。

二、创业团队成员角色分配

建立优势互补的创业团队是保持创业团队稳定性的关键，也是规避和降低团队组建模式风险的有效手段。在团队创建初期，人数不宜过多，能满足基本的需求即可。在成员选择上，要综合考虑成员在能力和技术上的互补性，基本保证具备理想团队所需的各种角色。而且，成员的能力和技术应该处于同一等级，不宜差异过大。如果团队成员在对项目的理解能力、表达能力、执行能力、社会资源能力、思维创新能力等方面存在较大的差异性，就会产生严重的沟通和执行障碍。

1981年，英国剑桥大学雷蒙德·梅瑞狄斯·贝尔宾博士（Dr. Raymond Meredith Belbin）在《管理团队：成败启示录》（Management Teams：Why They Succeed or Fail）一书中首次提出，一支结构合理的团队应该由八种角色组成，后来修订为九种角色。贝尔宾团队角色理论是高效的团队工作有赖于默契协作，团队成员必须清楚其他人所扮演的角色，了解如何相互弥补不足，发挥优势。成功的团队协作可以提高生产力，鼓舞士气，激励创新。其基本思想是：没有完美的个人，只有完美的团队。人无完人，但团队却可以是完美的团队，只要适当地拥有如下各种角色。

这九种角色及其特征是：

（1）智多星PL（Plant）。智多星创造力强，充当创新者和发明者的角色。他们为团队的发展和完善出谋划策。通常他们更倾向于与其他团队成员保持距离，运用自己的想象力独立完成任务，标新立异。他们对于外界的批判和赞扬反应强烈，持保守态度。他们的想法总是很激进，并且可能会忽略实施的可能性。

他们是独立的、聪明的、充满原创思想的，但是他们可能不善于与那些气场不同的人交流。

（2）外交家RI（Resource Investigator）。外交家是热情的、行动力强的、外向的人。无论公司内外，他们都善于和人打交道。他们与生俱来就是谈判的高手，并且善于挖掘新的机遇、发展人际关系。虽然他们并没有很多原创想法，但是在听取和发展别人想法的时候，外交家效率极高。就像他们的名字一样，他们善于发掘那些可以获得并利用的资源。由于他们性格开朗外向，所以无论到哪里都会受到热烈欢迎。

外交家为人随和，好奇心强，乐于在任何新事物中寻找潜在的可能性。然而，如果没有他人的持续激励，他们的热情会很快消退。

（3）审议员ME（Monitor Evaluator）。审议员是态度严肃的、谨慎理智的人，他们有着与生俱来对过分热情的免疫力。他们倾向于三思而后行，做决定较慢。通常他们非常具有批判性思维。他们善于在考虑周全之后作出明智的决定。具有审议员特征的人所作出的决定，基本上是不会错的。

（4）协调者 CO（Co-ordinator）。协调者最突出的特征就是他们能够凝聚团队的力量向共同的目标努力。成熟、值得信赖并且自信，都是他们的代名词。在人际交往中，他们能够很快识别对方的长处所在，并且通过知人善用来达成团队目标。虽然协调者并不是团队中最聪明的成员，但是他们拥有远见卓识，并且能够获得团队成员的尊重。

（5）鞭策者 SH（Shaper）。鞭策者是充满干劲的、精力充沛的、渴望成就的人。通常，他们非常有进取心，性格外向，拥有强大驱动力。他们勇于挑战他人，并且关心最终是否胜利。他们喜欢领导并激励他人采取行动。在行动中如遇困难，他们会积极找出解决办法。他们是顽强又自信的，在面对任何失望和挫折时，他们倾向于显示出强烈的情绪反应。

鞭策者对人际不敏感，好争辩，可能缺少对人际交往的理解。这些特征决定了他们是团队中最具竞争性的角色。

（6）凝聚者 TW（Team worker）。凝聚者是在团队中给予最大支持的成员。他们性格温和，擅长人际交往并关心他人。他们灵活性强，适应不同环境和人的能力非常强。凝聚者观察力强，善于交际。作为最佳倾听者他们通常在团队中备受欢迎。他们在工作上非常敏感，但是在面对危机时，他们往往优柔寡断。

（7）执行者 CW（Company Worker）。执行者是实用主义者，有强烈的自我控制力及纪律意识。他们偏好努力工作，并系统化地解决问题。执行者是典型的将自身利益与忠诚与团队紧密相连、较少关注个人诉求的角色。然而，执行者或许会因缺乏主动而显得一板一眼。

（8）完成者 FI（Completer Finisher）。完成者是坚持不懈的、注重细节的，他们不太会去做他们认为完成不了的任何事。他们由内部焦虑所激励，但表面看起来很从容。一般来说，大多数完成者都性格内向，并不太需要外部的激励或推动。他们无法容忍那些态度随意的人。完成者并不喜欢委派他人，而是更偏好自己来完成所有的任务。

（9）专家 SP（Specialist）。专家是专注的，他们会为自己获得专业技能和知识而感到骄傲。他们首要专注于维持自己的专业度以及对专业知识的不断探究之上。然而由于专业师们将绝大多数注意力都集中在自己的领域，因此他们对其他领域所知甚少。最终，他们成为了只对专一领域有贡献的专家。但是很少有人能够一心一意钻研，或有成为一流专家的才能。

三、贝尔宾团队角色理论测试 7.0 系统

贝尔宾团队角色模型通过对团队成员所表现出来的角色特征进行判分，从而辨识出每个成员在团队中合适的角色。

1987 年，贝尔宾协会在英国剑桥正式成立。1988 年，Interplace 软件系统发布，该系统基于九个团队角色的自评和他评。2012 年，Interplace 7.0 软件系统正式发布，新版报告正式亮相。该系统可以在线生成各类贝尔宾报告，为企业、组织、团队或个人提供选、育、留相关的综合性团队解决方案。

它包括以下内容：

第一节　创业团队及其角色分配

（1）贝尔宾团队角色个人报告（Belbin Individual Report）。贝尔宾团队角色个人报告是贝尔宾旗下最核心的产品之一。贝尔宾为受测者提供全方位的测评问卷服务，该问卷由自评问卷（Self-perception Inventory，SPI）和他评问卷（Observer Assessment，OA）两部分组成，属于360°人才评鉴工具。受测者在完成自评问卷（SPI）后，将邀请与他有紧密工作关系的合作伙伴完成他评问卷（OA），被邀请者可以包括受测者的上级、同事及下属。两部分问卷全部完成后，受测者将收到一份由贝尔宾Interplace 7.0系统自主生成的贝尔宾团队角色个人报告。

（2）自评部分（Self-perception Inventory，SPI）。贝尔宾自评问卷，能在不同程度上描绘您的行为倾向与行为特质。自评部分共分8大题，每题10句话，受测者需要将每题的总分10分分配给其中的10句话。分数分配的原则是：最能体现您行为的句子分最高，以此类推。最极端的情况是：10分全部分配给其中的某一句话，或在每句话上分配1分。受测者可根据日常实际情况，将分数填入对应句子的复选框内。整个答题时长在15分钟左右。

（3）他评部分（Observer Assessment，OA）。观察者，即受测者的被邀请者，可以包括受测者的上级、同事及下属。他评部分问卷独立于自评问卷，被邀请的观察者将勾选相关形容词（Observer Words），整个答题时长在10分钟左右。

（4）贝尔宾工作关系报告（Belbin Working Relationship Report）。贝尔宾工作关系报告将呈现两个员工之间的人际互动关系（这两个员工之间有过合作、正在合作或即将合作）。只要这两位员工均已完成贝尔宾个人报告，我们就能为他们生成贝尔宾工作关系报告。需要指出的是，贝尔宾工作关系报告并不适用于招聘环节，也不适用于初次合作的员工。

（5）贝尔宾岗位需求报告（Belbin Job Requirement Report）。完成岗位需求问卷后，即可生成贝尔宾岗位报告，该报告从贝尔宾团队角色的角度，定义一份具体的工作。我们将贝尔宾岗位报告同贝尔宾个人报告进行匹配，可以发现个人与岗位的适配度。该报告非常适用于招聘环境，或为测评中心提供有价值的岗位数据参考。

（6）贝尔宾人岗匹配报告（Belbin Job Comparison Report）。贝尔宾人岗匹配报告，结合了贝尔宾岗位需求问卷与贝尔宾个人报告，将为企业HR或招聘部门提供科学的候选人合适度参考。

（7）贝尔宾团队/组织报告（Belbin Team / OrganisationReport）。贝尔宾团队报告将为你呈现一群人作为一个团队是如何一起进行工作的，团队报告将清楚分析一个团队的优劣势，并细化至该团队具体缺失或富余的团队角色。

小资料：

梅雷迪思·贝尔宾（Meredith R. Belbin）博士，毕业于英国剑桥大学卡莱尔学院，获古希腊罗马文学与心理学学位，随后以论文《年长的产业工人》取得博士学位。后成为CRANFIELD航天学院的研究员。在巴黎，他供职于经济合作组织和一些从事制造业的公司。凭《团队管理：他们为什么成功或失败》和之后的《工作中的角色》两书而被誉为"团队角色理论之父"。

1988年，他创立了贝尔宾协会，致力于组织互联空间，一种以计算机为基础的人力资源管理系统，今天这一系列已被广泛应用。

曾就任剑桥大学产业培训研究组组长、就业发展所主任，剑桥大学管理研究协会资深会员。在埃克赛特大学担任了三年领导力客座教授后，如今他是布里斯托尔大学工程管理系的校外审查员。

贝尔宾博士以咨询顾问的身份，曾向经合组织（OECD）、美国劳工部、欧共体（欧盟前身）委员会以及多家大型企业与公共机构提供决策咨询。作为团队角色理论的创始奠基人，他曾访问过欧美诸国，现在是贝尔宾协会全球合伙人之一。

课堂测试：

贝尔宾团队角色（Belbin Team Roles）自测问卷

说明：对下列问题的回答，可能在不同程度上描绘了您的行为。每题有八句话，请将总分 10 分分配给每题的八个句子。分配的原则是：最体现您行为的句子分最高，以此类推。最极端的情况也可能是 10 分全部分配给其中的某一句话。请根据您的实际情况选择分数。请注意每题所选总分不要超过或少于 10 分，否则系统无法给出测试结果。

一、我认为我能为团队做出贡献是：

A. 我能很快地发现并把握住新的机遇。

B. 我能与各种类型的人一起合作共事。

C. 我生来就爱出主意。

D. 我的能力在于，一旦发现某些对实现集体目标很有价值的人，我就及时把他们推荐出来。

E. 我能把事情办成，这主要靠我个人的实力。

F. 如果最终能导致有益的结果，我愿面对暂时的冷遇。

G. 我通常能意识到什么是现实的，什么是可能的。

H. 在选择行动方案时，我能不带倾向性，也不带偏见地提出一个合理的替代方案。

二、在团队中，我可能有的弱点是：

A. 如果会议没有得到很好的组织、控制和主持，我会感到不痛快。

B. 我容易对那些有高见而又没有适当地发表出来的人表现得过于宽容。

C. 只要集体在讨论新的观点，我总是说的太多。

D. 我的客观算法，使我很难与同事们打成一片。

E. 在一定要把事情办成的情况下，我有时使人感到特别强硬以至专断。

F. 可能由于我过分重视集体的气氛，我发现自己很难与众不同。

G. 我易于陷入突发的想象之中，而忘了正在进行的事情。

H. 我的同事认为我过分注意细节，总有不必要的担心，怕把事情搞糟。

三、当我与其他人共同进行一项工作时：

A. 我有在不施加任何压力的情况下，去影响其他人的能力。

B. 我随时注意防止粗心和工作中的疏忽。

C. 我愿意施加压力以换取行动，确保会议不是在浪费时间或离题太远。

D. 在提出独到见解方面，我是数一数二的。

E. 对于与大家共同利益有关的积极建议我总是乐于支持的。

F. 我热衷寻求最新的思想和新的发展。

G. 我相信我的判断能力有助于做出正确的决策。

H. 我能使人放心的是,对那些最基本的工作,我都能组织得"井井有条"。

四、我在工作团队中的特征是:

A. 我有兴趣更多地了解我的同事。

B. 我经常向别人的见解进行挑战或坚持自己的意见。

C. 在辩论中,我通常能找到论据去推翻那些不甚有理的主张。

D. 我认为,只要计划必须开始执行,我有推动工作运转的才能。

E. 我有意避免使自己太突出或出人意料。

F. 对承担的任何工作,我都能做到尽善尽美。

G. 我乐于与工作团队以外的人进行联系。

H. 尽管我对所有的观点都感兴趣,但这并不影响我在必要的时候下决心。

五、在工作中,我得到满足,因为:

A. 我喜欢分析情况,权衡所有可能的选择。

B. 我对寻找解决问题的可行方案感兴趣。

C. 我感到,我在促进良好的工作关系。

D. 我能对决策有强烈的影响。

E. 我能适应那些有新意的人。

F. 我能使人们在某项必要的行动上达成一致意见。

G. 我感到我的身上有一种能使我全身心地投入到工作中去的气质。

H. 我很高兴能找到一块可以发挥我想象力的天地。

六、如果突然给我一件困难的工作,而且时间有限,人员不熟:

A. 在有新方案之前,我宁愿先躲进角落,拟定出一个解脱困境的方案。

B. 我比较愿意与那些表现出积极态度的人一道工作。

C. 我会设想通过用人所长的方法来减轻工作负担。

D. 我天生的紧迫感,将有助于我们不会落在计划后面。

E. 我认为我能保持头脑冷静,富有条理地思考问题。

F. 尽管困难重重,我也能保证目标始终如一。

G. 如果集体工作没有进展,我会采取积极措施去加以推动。

H. 我愿意展开广泛的讨论意在激发新思想,推动工作。

七、对于那些在团队工作中或与周围人共事时所遇到的问题:

A. 我很容易对那些阻碍前进的人表现出不耐烦。

B. 别人可能批评我太重分析而缺少直觉。

C. 我有做好工作的愿望,能确保工作的持续进展。

D. 我常常容易产生厌烦感,需要一、二个有激情的人使我振作起来。

E. 如果目标不明确,让我起步是很困难的。

F. 对于我遇到的复杂问题,我有时不善于加以解释和澄清。

G. 对于那些我不能做的事,我有意识地求助于他人。

H. 当我与真正的对立面发生冲突时,我没有把握使对方理解我的观点。

测试自我评价分析表:

题号	CW	CO	SH	PL	RI	ME	TW	FI
一	G	D	F	C	A	H	B	E
二	A	B	E	G	C	D	F	H
三	H	A	C	D	F	G	E	B
四	D	H	B	E	G	C	A	F
五	B	F	D	H	E	A	C	G
六	F	C	G	A	H	E	B	D
七	E	G	A	F	D	B	H	C
总计								

说明:

需要注意的是,有的人可能在两三个角色的分数一样多,这是允许的。像我,PL,ME,TW 的分数都是一样最高的。你能扮演什么角色呢?

第二节 创业团队组建过程

一、创业团队组建基本原则

1. 目标明确合理原则

目标必须明确,这样才能使团队成员清楚地认识到共同的奋斗方向是什么。与此同时,目标也必须是合理的、切实可行的,这样才能真正达到激励的目的。

2. 互补原则

创业者之所以寻求团队合作,其目的就在于弥补创业目标与自身能力间差距。只有当团队成员相互间在知识、技能、经验等方面实现互补时,才有可能通过相互协作发挥出"1+1>2"的协同效应。

3. 精简高效原则

为了减少创业期的运作成本、最大比例的分享成果,创业团队人员构成应在保证企业能高效运作的前提下尽量精简。

4. 动态开放原则

创业过程是一个充满了不确定性的过程,团队中可能因为能力、观念等多种原因不断有人在离开,同时也有人在要求加入。因此,在组建创业团队时,应注意保持团队的动态性和开放性,使真正完美匹配的人员能被吸纳到创业团队中来。

二、创业团队组建主要影响因素

创业团队的组建受多种因素的影响,这些因素相互作用、共同影响着组建过程并进一步影响着团队建成后的运行效率。

1. 创业者

创业者的能力和思想意识从根本上决定了是否要组建创业团队以及团队组建的时间表以及由哪些人组成团队。创业者只有在意识到组建团队可以弥补自身能力与创业目标之间存在的差距，才有可能考虑是否需要组建创业团队，以及对什么时候需要引进什么样的人员才能和自己形成互补做出准确判断。

2. 商机

不同类型的商机需要创业团队的类型。创业者应根据创业者与商机间的匹配程度，决定是否要组建团队以及何时、如何组建团队。

3. 团队目标与价值观

共同的价值观、统一的目标是组建创业团队的前提，团队成员若不认可团队目标，就不可能全心全意为此目标的实现而与其他团队成员相互合作、共同奋斗。而不同的价值观将直接导致团队成员在创业过程中脱离团队，进而削弱创业团队作用的发挥。没有一致的目标和共同的价值观，创业团队即使组建起来，也无法形成有效发挥协同作用，缺乏战斗力。

4. 团队成员

团队成员的能力的总和决定了创业团队整体能力和发展潜力。创业团队成员的才能互补是组建创业团队的必要条件。而团队成员间的互信是形成团队的基础。互信的缺乏，将直接导致团队成员间协作障碍的出现。

5. 外部环境

创业团队的生存和发展直接受到了制度性环境、基础设施服务、经济环境、社会环境、市场环境、资源环境等多种外部要素的影响。这些外部环境要素从宏观上间接地影响着对创业团队组建类型的需求。

三、创业团队的类型

一般说来，创业团队类型大体上可以分为三种：星状创业团队（Star team）、网状创业团队（Nesh team）和从网状创业团队中演化来的虚拟星状创业团队（Virtual star team）。

1. 星状创业团队

一般在团队中有一个核心主导人物（Core leader），充当了领军的角色。这种团队在形成之前，一般是核心主导人物有了创业的想法，然后根据自己的设想进行创业团队的组织。因此，在团队形成之前，核心主导人物已经就团队组成进行过仔细思考，根据自己的想法选择相应人物加入团队，这些加入创业团队的成员也许是核心主导人物以前熟悉的人，也有可能是不熟悉的人，但其他的团队成员在企业中更多时候是支持者角色（Supporter）。

这种创业团队有几个明显的特点：

（1）组织结构紧密，向心力强，主导人物在组织中的行为对其他个体影响巨大。

（2）决策程序相对简单，组织效率较高。

（3）容易形成权力过分集中的局面，从而使决策失误的风险加大。

(4) 当其他团队成员和主导人物发生冲突时，因为核心主导人物的特殊权威，使其他团队成员在冲突发生时往往处于被动地位，在冲突较严重时，一般都会选择离开团队，因而对组织的影响较大。

这种类型的创业团队有很多，比如：太阳微系统公司（Sun Microsystem）创业当初就是由维诺德·科尔斯勒（Vinod KhMla）确立了多用途开放工作站的概念，接着他找了Joy 和 Bechtolsheim 两位软件和硬件方面的专家，和一位具有实际制造经验和人际技巧的麦克尼里（Mc Neary），于是，组成了SUN的创业团队。

2．网状创业团队

这种创业团队的成员一般在创业之前都有密切的关系，比如同学、亲友、同事、朋友等。一般都是在交往过程中，共同认可某一创业想法，并就创业达成了共识以后，开始共同进行创业。在创业团队组成时，没有明确的核心人物，大家根据各自的特点进行自发的组织角色定位。因此，在企业初创时期，各位成员基本上扮演的协作者或者伙伴角色（Partner）。

这种创业团队有几个明显的特点：

(1) 团队没有明显的核心，整体结构较为松散。

(2) 组织决策时，一般采取集体决策的方式，通过大量的沟通和讨论达成一致意见。因此组织的决策效率相对较低。

(3) 由于团队成员在团队中的地位相似，因此容易在组织中形成多头领导的局面。

(4) 当团队成员之间发生冲突时，一般都采取平等协商、积极解决的态度消除冲突。团队成员不会轻易离开。但是一旦团队成员间的冲突升级，使某些团队成员撤出团队，就容易导致整个团队的涣散。

这种创业团队的典型例子：微软的比尔·盖茨和童年玩伴保罗·艾伦，HP的戴维·帕卡德和他在斯坦福大学的同学比尔·休利特等多家知名企业的创建多是先由于关系和结识，基于一些互动激发出创业点子，然后合伙创业，这样的例子比比皆是。

3．虚拟星状创业团队

这种创业团队是由网状创业团队演化而来。基本上是前两种的中间形态。在团队中，有一个核心成员，但是该核心成员地位的确是团队成员协商的结果，因此核心人物某种意义上说是整个团队的代言人，而不是主导型人物，其在团队中的行为必须充分考虑其他团队成员的意见，不像星状创业团队中的核心主导人物那样有权威。

四、创业团队组建流程

创业团队的组建是一个相当复杂的过程，不同类型的创业项目所需的团队不一样，创建步骤也不完全相同。概括来讲，大致的组建程序如下。

1．明确创业目标

创业团队的总目标就是要通过完成创业阶段的技术、市场、规划、组织、管理等各项工作实现企业从无到有、从起步到成熟。总目标确定之后，为了推动团队最终实现创业目标，再将总目标加以分解，设定若干可行的、阶段性的子目标。

2．制订创业计划

在确定了一个个阶段性子目标以及总目标之后，紧接着就要研究如何实现这些目标，这就需要制订周密的创业计划。创业计划是在对创业目标进行具体分解的基础上，以团队为整体来考虑的计划，创业计划确定了在不同的创业阶段需要完成的阶段性任务，通过逐步实现这些阶段性目标来最终实现创业目标。

3. 招募合适的人员

招募合适的人员也是创业团队组建最关键的一步。关于创业团队成员的招募，主要应考虑两个方面：一是考虑互补性，即考虑其能否与其他成员在能力或技术上形成互补。这种互补性的形成既有助于强化团队成员间彼此的合作，又能保证整个团队的战斗力，更好地发挥团队的作用。一般而言，创业团队至少需要管理、技术和营销三个方面的人才。只有这三个方面的人才形成良好的沟通协作关系后，创业团队才可能实现稳定高效。二是考虑适度规模，适度的团队规模是保证团队高效运转的重要条件。团队成员太少则无法实现团队的功能和优势，而过多又可能会产生交流的障碍，团队很可能会分裂成许多较小的团体，进而大大削弱团队的凝聚力。一般认为，创业团队的规模控制在2~12人之间最佳。

4. 职权划分

为了保证团队成员执行创业计划、顺利开展各项工作，必须预先在团队内部进行职权的划分。创业团队的职权划分就是根据执行创业计划的需要，具体确定每个团队成员所要担负的职责以及相应所享有的权限。团队成员间职权的划分必须明确，既要避免职权的重叠和交叉，也要避免无人承担造成工作上的疏漏。此外，由于还处于创业过程中，面临的创业环境又是动态复杂的，不断会出现新的问题，团队成员可能不断出现更换，因此创业团队成员的职权也应根据需要不断地进行调整。

5. 构建创业团队制度体系

创业团队制度体系体现了创业团队对成员的控制和激励能力，主要包括了团队的各种约束制度和各种激励制度：一方面，创业团队通过各种约束制度（主要包括纪律条例、组织条例、财务条例、保密条例等）指导其成员避免做出不利于团队发展的行为，实现对其的行为进行有效的约束、保证团队的稳定秩序；另一方面，创业团队要实现高效运作需要有效的激励机制（主要包括利益分配方案、奖惩制度、考核标准、激励措施等），使团队成员才能看到随着创业目标的实现，其自身利益将会得到怎样的改变，从而达到充分调动成员的积极性、最大限度发挥团队成员作用的目的。要实现有效的激励就必须把成员的收益模式界定清楚，尤其是关于股权、奖惩等与团队成员利益密切相关的事宜。需要注意的是，创业团队的制度体系应以规范化的书面形式确定下来，以免带来不必要的混乱。

6. 团队的调整融合

完美组合的创业团队并非创业一开始就能建立起来的，很多时候是在企业创立一定时间以后随着企业的发展逐步形成的。随着团队的运作，团队组建时在人员匹配、制度设计、职权划分等方面的不合理之处会逐渐暴露出来，这时就需要对团队进行调整融合。由于问题的暴露需要一个过程，因此团队调整融合也应是一个动态持续的过程。在完成了前面的工作步骤之后，团队调整融合工作专门针对运行中出现的问题不断地对前面的步骤进行调整直至满足实践需要为止。在进行团队调整融合的过程中，最为重要的是要保证团队成员间经常进行有效的沟通与协调，培养强化团队精神，提升团队士气。

拓展阅读

绿色洗衣店创业团队建设过程

第一步：确定你准备启动的项目及其创业理念

创业项目：绿色洗衣店

创业理念：合伙出资购买洗衣机、熨烫机等设备，在校园附近开一家绿色洗衣店，使用经绿色工艺配方后的洗涤剂化学含量比普通洗衣粉低，对衣物无任何损伤，对人体也无害。可以满足在校大学生的洗衣需求，提供洗后送上门等温馨服务。

第二步：列出该项目需要的岗位名称

项目经理：安排店内各成员的工作，协调工作时间和成员间的关系，调动服务的热情和积极性，调查顾客的满意度以便及时完善，统筹规划资金，发放工资和奖金。

营销经理：宣传绿色洗衣店，通过发传单，口头宣传，扩大知名度，使学生了解店里的服务和质量。打出"价格低廉，优质服务，微笑关怀"的旗号，扩大消费群体数量。了解竞争对手，制定定价策略。

网站主管：建立校内网站，方便学生留言，订购服务。介绍绿色洗衣店的概况，提供意见和建议渠道，不断改善和提高服务质量，随时更新店内的各种优惠活动。

洗衣员（两名）：初期在校园各个宿舍发传单，口头宣传。每天到班分类清洗衣物，烘干衣服，晾晒，收衣服。填写清洗情况的电子表格，做好记录。

配送员（三名）：初期在校园各个宿舍发传单，口头宣传。每天按时将清洗好的衣物送到各个寝室，同时将顾客的满意度回馈单上交项目经理，对归还情况用电子表格做好记录。

第三步：每个岗位胜任的主要条件（可以单独编制岗位说明书补充）

项目经理：①工作高度认真负责，心胸开阔，行事果断，沟通能力强，具有较高的领导和协调能力；②具备基本的管理知识和水平，了解基本的财务管理知识；③熟练各种办公软件。

营销经理：①性格活泼，积极向上，沟通能力强，具有团队精神；②具备一定的营销知识，可以对市场变化制定快速准确的策略；③身体素质好。

网站主管：①心理素质较高，有耐心，敬业，追求卓越；②具备计算机软件操作能力，熟悉网站经营；③学习能力强。

洗衣员、配送员：①吃苦耐劳，团队精神强，热情大方，善于交际。②会最简单的办公软件操作。③身体素质良好。

第四步：写出你准备选定的人（列出对应的岗位名称）

项目经理：李明

营销经理：徐方

网站主管：朱晓虹

洗衣员：刘慧、何媛媛

配送员：黄林、杨乐、王凯

第五步：分析这个团队成功的概率（说明原因以及如何确保可行）

校内仅一家洗衣店，竞争能力不强，可以通过更优惠的价格和更优质的服务取胜。

目前，校内有2万多人，可以保证每天至少有500人的衣服，每个人至少平均获利3元，每天的利润至少为1500元，这样算下来，除去购买设备的费用（大约12000元），店面租用费5000元，各种广告费用、网站费用约计5000元，工资每个月总计约20000元，第一个月可回本。只要后面妥善经营，利用多余利润增加洗衣设备，装修店面，可以将绿色洗衣店逐渐做大做强。

经营店面也需要团队的齐心协力，相互合作。如果成员间出现私人矛盾，沟通不善，很可能导致项目无法开展。

学校公寓承办人在看到洗衣店的成立后，可能采取措施进行抵制、打击。比如：增加宿舍的自动洗衣机数量等。

实际经营过程中消费超出预算，资金不足，导致无法经营，也可能创业失败。

（资料来源：http：//wenku.baidu.com/view/0d17f48e81c758f5f71f6722.html）

第三节 创业团队问题诊断与处理

一、创业团队组建的常见问题

1. 盲目照搬成功的组建模式

创业团队的组建基本可以分成三种模式：关系驱动、要素驱动和价值驱动。

关系驱动是指以创业领导者为核心的人际关系圈内成员构成团队。他们因为经验、友谊和共同兴趣结成合作伙伴，彼此发现商业机会后共同创业。

要素驱动是指创业团队成员分别贡献创业所需的创意、资源和操作技能等要素。由于这些要素完全互补，团队成员之间处于相对平等的地位。

价值驱动是指创业成员将创业视为一种实现自我价值的手段，他们的使命感很强，成功的冲动也很强。不同的组建模式适用的条件不尽相同。如果盲目照搬照套某种组建模式，会给创业带来巨大的风险。

现在应用最广泛的是关系驱动模式，它比较适用中国文化的特点，其团队的稳定性相对较高。但是，关系的远近亲疏经常会成为制约团队发展的瓶颈。

要素驱动模式比较符合西方文化的特点，现在的互联网创业团队大多属于这种模式，如果成员之间磨合顺利，可以缩短企业成功所需的时间，但是如果磨合不顺利，就很容易发生解散风险。

价值驱动模式中的团队成员虽然是为了追求自我实现组合在一起，但是一旦产生分歧，就是路线斗争，没有妥协的余地。

2. 团队成员选择具有随意性和偶然性

创业团队是要将个体的力量整合为集聚的攻击力，并保持这种攻击力的持久性。英国学者贝尔宾创立的团队角色理论指出，成功的团队必须包含九种不同角色的人。这九种角色分别是：提出创新观点并做出决策的创新者；将思想语言转化为行动的实干者；将目标分类进行角色职责与义务分配的协调者；促进决策实施的推进者；引进信息与外部谈判的信息者；分析问题与看法并评估别人贡献的监督者；给予个人支持并帮助他人的凝聚者；强调任务的时效性并完成任务的完美主义者；以及具有专业技能和知识的专家。

但是，在团队组建初期，由于规模和人数的限制，创业团队在成员选择方面考虑不够全面，过于随意和偶然，甚至只是因为碰巧谈到创业问题而一拍即合，所以不可能具备所有这九种角色，之后又没有进行及时的补充，或是在团队中承担某种角色的人才过多，团队成员之间角色和优势重复，这些都会引发各种矛盾，最终导致整个创业团队的散伙。西安海星集团作为一家民营高科技企业，最初的创业团队是海星集团现任总裁荣海和他的大学室友以及同学共同组建的，两年多的时间里海星集团创造了30万元的财富，但是创业团队却面临着大分裂，每个人都认为自己有能力挣钱，这与其成员能力和优势重复以及利润分配不合理有着密切的关系。

3. 缺乏明确和一致的团队目标

心理学家马斯洛指出，杰出团队的显著特征是具有共同的愿景与目标。凝聚人心的愿景与经营理念，是团队合作的基础。目标则是共同愿景在客观环境中的具体化，能够为团队成员指明方向，是团队运行的核心动力。

事实上，在创业初期，创业团队的目标一般并不十分清晰和明确，可能只是一个朦胧的发展方向，有些人甚至不明白自己为什么会走上创业的道路。而且即使创业领导者的目标明确，也不能保证其他成员都能够准确理解团队目标的含义。随着创业进程的推进以及外界环境的变化，团队成员可能会发现原先确定的目标和现实之间存在差距，必须对目标进行适当调整，此时如果团队成员之间意见难以调和，或是个人目标与组织目标出现较大的不一致，那么团队就会面临着解散的风险。联想的柳传志非常重视市场导向，而倪光南则十分强调技术导向，他们在经营理念和创业目标上的不一致导致了曾被誉为"中关村最佳拍档"的联想创业组合的分裂，给当时的联想企业带来了巨大的冲击。

4. 激励机制尤其是利润分配方式不完善

有效激励是企业长期保证团队士气的关键。如果缺乏有效激励，团队或者组织的生命都难以长久，有效激励的重点是给予团队成员合理的"利益补偿"。根据2004年6月对200多位在职工商管理研修班的学员进行的《创业管理调查》结果得知，影响中国现阶段创业团队散伙的前两个主要原因是团队矛盾（26%）和利益分配（15%）。团队矛盾的背后或多或少存在利益的影响，因此可以看出，利益分配对于创业团队的持续长期发展有着重要的意义。

实际上，在团队组建初期，由于企业前途未卜，各成员在创业企业中的作用和贡献无法准确衡量，因此团队无法给出一个明确的利润分配方案，可能只是简单地采取平均主义的做法，这样，随着企业的发展和利润的增加，团队成员在利润分配时就会出现争议，从而导致创业团队解散。无锡尚德太阳能电力有限公司在创业初始的两年里一直处于亏损状态，后来业务稍有起色，就因为利润分配方案不健全等原因，五个人的创业团队走了四人，只剩下施正荣支撑尚德公司，而且离开的四人后来均进入了光伏电池行业，成为了施正荣的竞争对手。

二、团队组建过程中的风险控制

1. 选择合适的团队成员

建立优势互补的创业团队是保持创业团队稳定性的关键,也是规避和降低团队组建模式风险的有效手段。在团队创建初期,人数不宜过多,能满足基本的需求即可。在成员选择上,要综合考虑成员在能力和技术上的互补性,基本保证具备理想团队所需的各种角色。而且,成员的能力和技术应该处于同一等级,不宜差异过大。如果团队成员在对项目的理解能力、表达能力、执行能力、社会资源能力、思维创新能力等方面存在较大的差异性,就会产生严重的沟通和执行障碍。

此外,在选择成员时还要考虑创业实情的影响。在企业初创期,所有成员每天都需要超负荷工作,如果缺乏创业激情和对事业的信心,不管其专业水平多高,都可能成为团队中的消极因素,对其他成员产生致命的负面影响。

"携程网"的成功,除了抓住互联网快速发展的契机,有一个良好的创业团队是关键。"携程网"的团队成员来自美国甲骨文公司、德意志银行和上海旅行社等,是技术、管理、金融运作和旅游的完美组合。大家共同创业,分享各自的知识和经验,成功避开了很多创业"雷区"。

2. 确定清晰的创业目标

创业团队在实践中要不断总结和吸取教训,形成一致的创业思路,勾画出共同的目标,以此作为团队努力的目标和方向,鼓励团队成员积极掌握工作内容和职责,竭诚与他人合作交流贡献个人能力。

创业团队的目标必须清晰明确,能够集中体现出团队成员的利益,与团队成员的价值趋向一致,并保证所有团队成员都能正确理解,这样才能发挥鼓励和激励团队成员的作用。此外,创业团队的目标还必须切实可行,既不应太高,也不应太低,而且能够随着环境和组织的变化及时更新和调整。

1998 年成立于北京的交大铭泰,主要从事研究、开发及销售以翻译软件为主的四大系列软件产品。其在创业初期就确定了三年内成为我国最大应用软件和服务提供商的目标以及具体的发展战略。明确的创业目标保证了团队成员的稳定性,其成员自创业以来基本上没有太大变化,这不仅带来了企业凝聚力的提高,也使交大铭泰在企业创新方面取得了较大突破。交大铭泰很快成为了国内第一个通用软件上市公司,亚洲首只"信息本地化概念股",2004 年香港股市第一家上市企业。

3. 制定有效的激励机制

正确判断团队成员的"利益需求",是有效激励的前提。实际上,不同类型的人员对于利益的需求并不完全一样。有些成员将物质追求放在第一位,而有些成员则是希望能够获得荣誉、发展机会、能力提高等其他利益。因此,创业团队的领导者必须加强与团队成员的交流,针对各成员的情况采取合理的激励措施。

创业团队的利润分配体系必须体现出个人贡献价值的差异,而且要以团队成员在整个创业过程中的表现为依据,而不仅是某一阶段的业绩。其具体分配方式要具有灵活性,既包括诸如股权、工资、奖金等物质利益,也包括个人成长机会和相关技能培训等内容,并且能够根据团队成员的期望进行适时调整。

腾讯公司马化腾的创业团队多年来十分稳定，与其利润分配机制的有效性是分不开的。虽然腾讯公司的股权多次转让，但是它的五位创办人一直共同持有公司的大部分股份。公司的上市更是使得创业团队的五位成员均成为了亿万富翁。

拓展阅读

创业团队组建中的几个"处方"

1. 别急着招聘新员工

你或许认为现在你缺少一名专业人才，而非常着急想要招一名新员工。但是，在贴出招聘广告前，请先缓一缓，好好想一下。招这个人真的有必要吗？团队里现有的人才是否也有这方面的专业知识（尽管这方面可能还不是他们的专长）？给团队里的某个成员布置一个新的任务：负责一项新工作、学习一项新技能、成长为一个新角色。这个方法可以扩展你有限的资源，并提醒你细心思考自己的核心任务，不要做任务以外的事。这并不意味着占员工便宜，让他们过度负担非核心的职责，而是意味着锻炼和增强团队成员独立成长和创新的能力。

2. 团队构成

如果你想建立一个科技公司，在企业初创时期，你的团队应当主要由开发人员、工程师和程序员组成。你应当尽可能地建立一个技能互补的团队。但是，如果这项计划不可行的话，你必须专注于公司的核心任务。市场营销和其他传统业务雇员可以晚些雇佣。而且，请不用担心后台服务。一开始，你一定会想要将这些服务外包出去。

3. 把基础工作外包

同样的，将财务、人力和法律事务外包出去是个明智的选择。这些全都是企业成功的重要部件。你需要这些知识。然而，如果公司还处在起步阶段，创始成员拥有这方面专门知识几乎是不可能的。而且，你最初聘用员工的预算，或许并不足以支付招聘这些职位人员的费用。将这些职位外包，可以确保你集中内部资源开发业务的同时，你的公司还有能力制定财务策略，并且运营得井井有条。

4. 最好招聘那些已经被别人聘用过了的人

不仅是因为你妒忌其他公司拥有这些人才，想得到竞争对手已经得到的东西。而是因为：如果你或者你团队里的成员，曾经和一位很牛很有名的人合作过，将他们挖到自己的团队里是一个非常棒的做法。当然，说服这些还没有准备加入你公司人，放弃他们现在稳定的工作而加入你们的新团队，这是非常困难的一件事。但是，为了获得他们掌握的知识和经验，值得公司主动去挖掘他们。而且，招募熟悉的人加入团队，也有利于对团队进行无缝整合。此外，在招聘这些人的过程中，你需要主动向他们推介你的公司，你可以把这可以当做练习，因为你以后也会做各种推介自己的工作。

5. 重视行业经验

这个条件有时候并不那么容易满足。但是，如果你招来的员工已经对你所处的领域有一定的经验，就会大大减小他们的学习曲线。而且，有经验的员工更有可能和你有同样的视野和热情,也能和你说到一起。

6. 拥有共同视野

这并不意味着,要求员工的想法和行为都像标准机器人那样一模一样。这只是要求你的员工和你有共同的目标。他们理解公司的目标,并且共同致力于实现这些目标。他们每个人都对这个企业有信仰,并且充满激情。

7. 创业性格

同样重要或更重要的是,你招来的员工必须有正确的理念体系。你准备招聘的对象,如果已经有了不错的行业经验,并且很优秀,但是他的性格不怎么好,而且他的工作理念和你的企业文化格格不入的话,也是不行的。什么样的性格适合企业的发展,因公司不同而标准不同,但是,也有一些普遍性的核心的品质,如创新性、灵活性、热爱冒险、有求知欲等。招聘新人才并不必然能很快为你创造更多的价值。当然,招聘错误的人肯定更不会。招错了人,会让公司陷入瓶颈,甚至在把人刚刚招进来的时候就出现了问题。

(资料来源:http://earlygrowthfinancialservices.com/how-build-successful-startup-team/ 作者:David Ehrenberg)

【实训任务】

实训项目:为一家美妆企业招聘员工

实训目的:了解创业团队组建中存在的常见问题和风险,懂得进行风险控制的方法;根据实际情况,为创业企业设计/实施招聘方案。

实训步骤:

(1) 招聘前准备工作。

1) 成立招聘小组,进行小组成员分工。

2) 研究确定招聘方案/职位、各岗位聘任资格条件、笔试面试办法。

3) 拟定评分标准。

4) 发布相关招聘公告通知。

(2) 招聘过程。

1) 小组人员分工(监考员、面试评委、计分人员、外部协调人员等)。

2) 笔试、面试时间安排。

3) 笔试。

4) 面试,并给出综合评定。

5) 对这次面试活动进行总结,筛选出符合要求的人员。

(3) 招聘后工作。写出一份招聘报告,对招聘过程进行反思及总结。

实训要求:

(1) 本实训可以为实际的创业企业招聘,也可以模拟招聘。

(2) 提交招聘分析报告。

(3) 加强招聘工作的经验交流。

第四章 创业机会识别

【经典语录】

机会就在有人抱怨的地方。

——阿里巴巴 马云

【学习目标和实训要求】

学习目标：了解创业机会的概念和来源。

实训要求：掌握识别创业机会技巧。

【重点与难点】

重点：掌握创业机会的基本技巧。

难点：学以致用，在日常生活中发现创业机会。

【本章知识结构】

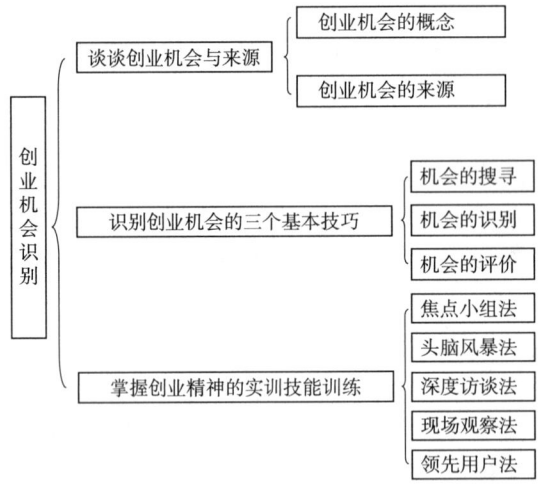

【案例引入】

导读案例——李维斯（Levi's）牛仔裤的诞生

牛仔裤的发明人是美国的李维斯。当初他跟着一大批人去西部淘金，途中一条大河拦住了去路，许多人感到愤怒，但李维斯却说"棒极了"，他设法租了一条船给想过河的人摆渡，结果赚了不少钱。不久摆渡的生意被人抢走了，李维斯又说"棒极了"，因为采矿出汗很多饮用水很紧张，于是别人采矿他卖水，又赚了不少钱。后来卖水的生意又被抢走了，李维斯又说"棒极了"，因为采矿时工人跪在地上，裤子的膝盖部分特别容易磨破，而矿区里却有许多被人抛弃的帆布帐篷，李维斯就把这些旧帐篷收集起来洗干净，做成裤子销量很好，"牛仔裤"就是这样诞生的。李维斯将问题当作机会，最终实现了致富梦想，得益于他有一种乐观、开朗的积极心态，更得益于他善于捕捉需求并把需求转化为创业机会。

思考： 同样的市场环境，同样去西部淘金，为什么是李维斯而不是其他人能够发现机会？为什么是李维斯而不是其他人能够在每次尝试中都赚到钱？这都源于他对于消费者需求的把握。换句话说，市场上出现了与经济发展阶段有关的新需求。相应地，就需要有企业去满足这些新的需求，这同样是创业者可利用的商业机会。

第一节 谈谈创业机会与来源

一、创业机会的概念

创业就要发现和利用有利可图的机会。创业机会是创业领域的一个核心问题已逐渐成为一种共识。那么，什么是创业机会呢？国内外创业研究学者从各自不同的侧重点对其进行了研究和界定。

熊彼特：创业机会是通过把资源创造性地结合起来，满足市场的需要，创造价值的一种可能性。由于技术、政治、社会以及其他因素的各种变化，市场时刻处在不稳定、不平衡的状态，为人们发现新的盈利机会提供了可能。以互联网为例，最初只是为了沟通的方便，现在已经变为新产品不断产生的平台，它提供分销渠道、产生新的资源供给，同时使新的组织形式（虚拟组织）的出现变为可能。

柯兹纳：强调市场不完全所带来的创业机会，Schumpeter 则更强调企业家结合资源创造价值的可能性。

文卡塔拉曼：机会并不是客观存在的，是由主动型创业者创造出来的，机会的创造内生于想象和创造一个更美好未来的交互活动中，其结果就是创业者创造出一个新市场。

美国百森商学院蒂蒙斯教授在《21世纪创业》中提出创业机会的四个特征：

(1) 能吸引顾客。创业机会要满足真实的市场需求，只有能为消费者创造新价值或增加原有价值，才能对顾客产生吸引力，才能具有良好的市场前景，也就是说创业机会要有价值性。

(2) 有市场价值。有价值的创业机会不但能让创业者在承担风险和投入资源之后，不仅能收回投资，也能创造更高的价值，即消费者认为购买你的产品或服务比购买其他的产品或服务能够获得更高的价值，也体现了创业机会的价值性。

(3) 抓住机会窗口。机会窗口是指商业创意被推广到市场上去所花费的时间，若机会窗口存续时期同是创业的时间期限，即时机，所谓"机不可失，失不再来"。而且新产品市场建立起来，机会窗口就被打开了。机会窗口一般会持续一段时间，不会转瞬即逝，但也不会长久存在。随着市场的成长，企业进入市场并设法建立有利可图的定位，当达到某个时点，市场成熟，竞争者已经有了同样的想法并把产品推向市场，那么机会窗口也就关闭了。因此，特定的创业机会仅存在于特定的时段内，创业者务必要把握好这个"黄金时

第四章 创业机会识别

间段",这也体现了创业机会的时效性。

(4)必须有必要的资源(人、财、物、信息,时间和技能)。在"你的商业环境中行得通"是前提。说明创业机会必须适合创业者所处的市场环境,创业者才有可能开发和利用这种机会,这就是创业机会的可行性。否则,机会再好,创业者却因缺乏必要的资源无法加以利用,这样的市场机会对于特定的创业者不能称之为创业机会。

二、创业机会的来源

企业家从事创业,而创新正是展现企业家精神的特定工具,是赋予资源一种新的能力,使之成为创造财富的活动。德鲁克指出,能使现有资源的财富生产潜力发生改变的任何事物都足以构成创新。他认为创新机会有7个来源,前4个机会来源来自企业内部,分别是:出乎意料的情况——意外成功、意外失败、意外的外部事件;不一致——实际状况与预期状况之间的不一致或者与原本应该的状况不一致;以程序需要为基础的创新;产业结构和市场结构的改变,出其不意地降临到每个人身上。另外三个创新机会的来源来自于企业或产业化以外的变化:人口的变化;认知、情绪和意义的改变;科学及非科学的新知识。这几个来源按照可测性和可预知性的递减顺序排列。蒂蒙斯认为创业机会主要是来自改变、混乱或是不连续的状况主要有7个来源:法规的改变;技术的快速变革;价值链重组;技术创新;现有管理者或投资者管理不善;战略性企业家;市场领导者短时忽视下一波客户需要。

上述观点从不同角度提出创业机会的来源,都有其一定的合理性,值得我们加以借鉴。经过认真的研究和分析,我们认为创业机会无处不在、无时不在,而机会主要来自以下五个方面:

(1)问题。创业的根本目的是满足顾客的需求,而顾客需求在没有满足前就是问题。寻找创业机会的一个重要途径是善于发现和体会自己和他人在需求方面的问题或生活中的难处。比如,上海有一位大学毕业生发现远在郊区的本校师生往返市区交通十分不便,创办了一家客运公司,就是把问题转化为创业机会的成功案例。

(2)变化。创业的机会大都产生于不断变化的市场环境,环境变化了,市场需求、市场结构必然发生变化。德鲁克将创业者定义为那些能"寻找变化并积极反应,把它当作机会充分利用起来的人"。这种变化主要来自于产业结构的变动、消费结构升级、城市化加速、人口思想观念的变化、政府政策的变化、人口结构的变化、居民收入水平提高、全球化趋势等诸方面。

(3)创造发明。创造发明提供了新产品、新服务,更好地满足了顾客需求,同时也带来了创业机会。比如随着电脑的诞生,电脑维修、软件开发、电脑操作的培训、图文制作、信息服务、网上开店等创业机会随之而来,即使不发明新的东西,也能成为销售和推广新产品的人,从而带来商机。

(4)竞争。如果能弥补竞争对手的缺陷和不足,这也将成为创业机会。看看周围的公司,能比他们更快、更靠谱、更便宜地提供产品或服务吗?能做得更好吗?若能,也能就找到了机会。

(5)新知识、新技术的产生。在知识经济时代,用科技、知识创业是新模式,也是必然趋势。例如随着健康知识的普及和技术的进步,围绕"水"就带来了许多创业机会,上海就有不少创业者加盟"都市清泉"而走上了创业之路。

因此,创业者应该在日常生活中有意识地加强实践,培养和提高发现创业机会的能力是养成良好的市场调研习惯。发现创业机会最根本一点是深入市场进行调研,要了解市场供求状况、变化的趋势,顾客的需求是否得到满足,竞争对手的长处与不足等。

一是多看、多听、多想。我们常说见多识广,识多路广。我们每个人的知识、经验、思维及对市场的了解不可能做到面面俱到。多看、多听、多想能使我们广泛获取信息,从别人的知识、经验、想法中汲取有益的东西,从而增强发现机会的可能性和几率。

二是培养独特的思维。机会往往是被少数人抓住的,我们要克服从众心理和传统的习惯束缚,敢于相信自己,有独立见解,不人云亦云才能发现和抓住被别人忽视或遗忘的机会。

第二节 识别创业机会的三个基本技巧

对创业者自身而言,能否把握正确的创业机会,并且通过充分的开发使之成为一个成功的企业,是创业者应当具备的最重要的创业能力之一。因此,识别正确的创业机会是创业者应当具备的重要技能。

创业机会识别是创业领域的关键问题之一。从创业过程角度来说,它是创业的起点。创业机会识别过程是一个不断调整反复均衡的过程。不同的创业者可能愿意关注不同的创业机会,即使是同一个创业机会,不同的人,对其评价也往往不同。

创业过程开始于创业者对创业机会的把握。创业者从成千上万繁杂的创意中选择了他心目中的创业机会,随之不断持续开发这个机会,使之成为真正的企业,直至最终收获成功,这过程中,机会的潜在预期价值以及创业者的自身能力得到反复的权衡,创业者对创业机会的战略定位也越来越明确,这一过程称为机会的识别过程。这一机会识别过程实际上是一种广义的识别过程,因为它事实上囊括大部分研究中提到的机会搜寻、机会鉴别、机会评价等活动。

一、机会的搜寻

创业开始的关键可能来源一个新产品或服务的创意,而创意往往来源于对市场机会、技术机会和政策变化信息的感知和分析,来源于创业者在个人经验基础上的"灵感"。在机会搜寻阶段,就是创业者对整个经济系统中可能的创意和"灵感"展开搜索,如果创业者意识到某一创意可能是潜在的商业机会,具有潜在的发展价值,就将进入机会识别的下一阶段。

方法:

(1) 满足大学生学习和生活需求的产品和服务:考证、考研、旅游、手机卡等。

(2) 特色零售店或服务项目:服装零售、食品零售等。

(3) 小产品的品牌化经营:特产品牌、玩具品牌、杯子、器具等小产品打造成特色品牌。

（4）开发具有技术含量的新产品：工业机器人技术、APP 开发等新技术的研发。

（5）国外最新成功模式的移植：共享家庭酒店出租、粒状茶的包装销售等。

> **拓展阅读**
>
> **创业的几个金点子**
>
> **1. 代销店**
>
> 　　一些企业为了拓宽市场，减少费用支出，会以代销形式进行产品销售。创业者可以去找一些企业合作，开办一家代销店。开办代销点投资少，风险小，一般在确定营业场所之后，企业只向代理商收取一定的押金，再无其他大的投资。代销店经营的商品由合作企业负责送货上门，价格也由合作企业统一制订，售后服务也由合作企业负责。创业者只要搞好销售，就可以得到企业固定的分成。此外，创业者还可以通过互联网这个平台来销售合作企业的商品，这样操作起来更简单易行。
>
> **2. 校园二手货经营店**
>
> 　　现在中国大学生的数量相当大，而且大学生的消费也相当惊人，大学生毕业后，很多东西无处可放，弃之可惜。因此，创业者可以在校园创立二手商品店，解决毕业生的烦恼，创业者可以低价购进一些二手货品，然后经清洗、保养后，转手卖给其他在校学生或校外消费者。
>
> **3. 情侣礼品店**
>
> 　　情侣礼品店虽然随处可见，但大多数都是传统礼品店，因此，创业者只要寻找有新意、有特色的小礼物作为货源，就能吸引消费者的眼球。当精致的饰品被贴上爱的标签时，饰品本身的价格就不重要了，因此，只要商品有特色、有个性，就不怕没有消费者。
>
> **4. 解压玩具店**
>
> 　　现在职场竞争激烈，人们的压力日益增大，当压力无处发泄的时候，解压玩具可以帮助人们解决这个问题，解压玩具让解压成了一件轻松快乐的小事，创业者可以选择一些能够帮助客户宣泄情绪的解压玩具。例如，捏泡泡玩具可以仿真气泡纸按下时的触感和声音；又如仿真灯泡，使劲砸向地面或者墙壁时，会发出爆裂声，破碎几十秒后又会恢复原状等。
>
> 资料来源：大学生创业网

二、机会的识别

　　识别创业机会是思考和探索互动反复，并将创意进行转变的过程。相对整体意义上的机会识别过程，这里的机会识别应当是狭义上的识别，即从创意中筛选合适的机会。这一过程包括两个步骤：第一步是通过对整体的市场环境以及一般的行业分析来判断该机会是否在广泛意义上属于有利的商业机会；第二步是考察对特定的创业者和投资者来说，这一机会是否有价值，也就是个性化的机会识别阶段。

　　方法：

(1) 在共享经济大潮中发现商机：比如滴滴共享出行、共享住宿 AIRBNB、共享课程 MOOC 等。

(2) 互联网环境变化中孕育商机：互联网＋、微商等模式的大量运用。

(3) 资源整合创造无限商机：互联网技术、共享平台与教育、医疗资源的结合等。

(4) 科技催生商机：人工智能、无人驾驶技术、智能机器人、3D 打印机等产品。

(5) 市场"空缺"蕴含商机：可伸缩的高跟鞋、平躺看书神器、大脚怪拖鞋等小众商品。

(6) 问题痛点中发掘商机：孩子上学难、看病难等问题中的商机。

【案例】

几年前海尔总裁张瑞敏出差四川，听说海尔洗衣机在四川销售受阻，原因是农民常用洗衣机洗地瓜，排水容易堵塞，农民不愿意用。

于是，海尔集团根据当地农民的需要开发出一种排水管粗大，既可以洗衣服又可以洗地瓜的洗衣机。这种洗衣机生产出来后，大受欢迎，畅销西南农村市场。

三、机会的评价

评价是仔细审阅查创意并分析其是否可行的阶段，主要包括技术方案评价、市场潜力评价和成本收益评价。

蒂蒙斯的创业机会评价框架

行业和市场	市场容易识别，可以带来持续收入。 顾客可以接受产品或服务，愿意为此付费。 产品的附加价值高。 产品对市场的影响力高。 将要开发的产品生命长久。 项目所在的行业是新兴行业，竞争不完善。 市场规模大，销售潜力达到 1000 万到 10 亿。 市场成长率在 30％～50％甚至更高。 现有厂商的生产能力几乎完全饱和。 在五年内能占据市场的领导地位，达到 20％以上。 拥有低成本的供货商，具有成本优势
经济因素	达到盈亏平衡点所需要的时间在 1.5～2 年。 盈亏平衡点不会逐渐提高。 投资回报率在 25 ％以上。 项目对资金的要求不是很大，能够获得融资。 销售额的年增长率高于 15 ％。 有良好的现金流量，能占到销售额的 20％～30％。 能获得持久的税后利润，税后利润率要超过 10％。 资产集中程度低。 运营资金不多，需求量是逐渐增加的。 研究开发工作对资金的要求不高。 能获得持久的毛利，毛利率要达到 40％以上

续表

收获条件	项目带来附加价值的具有较高的战略意义。 存在现有的或可预料的退出方式。 资本市场环境有利,可以实现资本的流动
竞争优势	固定成本和可变成本低。 对成本、价格和销售的控制较高。 已经获得或可以获得对专利所有权的保护。 竞争对手尚未觉醒,竞争较弱。 拥有专利或具有某种独占性。 拥有发展良好的网络关系,容易获得合同。 拥有杰出的关键人员和管理团队
管理团队	创业者团队是一个优秀管理者的组合。 行业和技术经验达到了本行业内的最高水平。 管理团队的正直廉洁程度能达到最高水准。 管理团队知道自己缺乏哪方面的知识
致命缺陷问题	不存在任何致命缺陷问题
个人标准	个人目标与创业活动相符合。 创业家可以做到在有限的风险下实现成功。 创业家能接受薪水减少等损失。 创业家渴望进行创业这种生活方式,而不只是为了赚大钱。 创业家可以承受适当的风险。 创业家在压力下状态依然良好

刘常勇的创业机会评价框架

市场评价	是否具有市场定位,专注于具体顾客需求,能为顾客带来新的价值。 依据波特的五力模型进行创业机会的市场结构评价。 分析创业机会所面临市场的规模大小。 评价创业机会的市场渗透力。 预测可能取得的市场占有率。 分析产品成本结构
回报评价	税后利润至少高于5%。 达到盈亏平衡的时间应该低于2年。 投资回报率应高于25%。 资本需求量较低。 毛利率应该高于40%。 能否创造新企业在市场上的战略价值。 资本市场的活跃程度。 退出和收获回报的难易程度

第三节　掌握创业精神的实训技能训练

在日常生活和学习中，掌握发现机会的方法工具，可以有效地提高创业者发现机会的能力。以下是一些行之有效的方法与工具，创业团队可以在实践中反复应用，直到熟能生巧。

一、焦点小组法

该方法是邀请一些用户来一起探讨他们在使用某类产品时遇到的烦恼或问题，并通过对可能的解决方案的探讨来激发突破性的新产品创意。在使用该方法时，用户负责提出问题和评价解决方案。创业者根据用户提出的问题现场设计解决方案，现场征求用户的意见并进行改进。通过多次反复，创业者和用户可能就某个重大问题寻找到可行的解决方案，从而激发出一个突破性的新产品创意。

二、头脑风暴法

该方法是邀请多名用户参加创业者的创新研讨会议，用户与创业者一起进行头脑风暴和逆向头脑风暴。头脑风暴会议规则：任何创意都是好创意，不能有任何形式的批评。逆向头脑风暴方法正好相反，该方法的目的是大肆进行批评，找出每个错误，找出每一个创造性的方法去攻击和破坏该产品。通过这种方法，可以找到大量的缺陷和问题，包括很多未知的问题。

创业者可以根据细分市场和行业对邀请的用户进行分组，分别要求用户通过逆向头脑风暴方法找出某个产品最大的三个问题。然后，采用头脑风暴方法为每个问题寻找解决办法，每个问题讨论30分钟。这样，通常会有很多新颖的创意浮现出来。创业者可以在用户头脑风暴会议的基础上，提炼出多个可能的新产品创意。

三、深度访谈法

深度访谈法是洞察用户和用户未满足的、未说出来的需求的有效方法。在访谈现场除了面对面的交流之外，还可以现场观察用户使用产品的过程。拜访用户最好是2~3人一组，创业团队要包括市场人员和技术人员。技术人员参加深度访谈，能获得关于用户需求的一手资料，能更准确地把握用户真正的需求。现场访谈的研究必须由企业自己完成，不能外包给市场调查公司。外包的结果是你只能得到经过过滤和加工的二手信息，而不再是用户原汁原味的需求。通过深度访谈能够激发出很多新颖的新产品创意。

四、现场观察法

如果你要了解大猩猩的生活习性，最好的方法就是买个帐篷，到森林里与大猩猩一起生活一段时间。通过发放调查问卷和浏览网站是不可能真正地、直观地了解大猩猩的生活习性的。同样，了解用户的需求和问题的最好方法就是和用户一起生活一段时间。某医疗器械制造厂在全国各地组织了10多个市场调查小组，深入各类医院病房，实地观察医生、护士、病人和病人家属操作和使用多参数监控仪的情况，得出了300多条有价值的需求信息。这些需求信息与采购招标时的需求信息完全不一样。基于这些需求信息，该企业提炼出了多个与现有竞争产品差异化很大的新产品创意。

五、领先用户法

3M公司应用领先用户方法在许多领域开发出了创新的产品，包括新的医疗产品和通信产品。很多取得商业化成功的重要的新产品创意首先是由用户想出来的，甚至原型都是由用户做出来的。这些由领先用户开发的新产品往往领先于市场潮流，甚至远远超过了普通用户的需求。由用户设计他们想要的产品，如同一款产品你使用得比较多，你是否认为你能比制造商设计得更好？大多数人都有这种自信。产品设计方面有三种理念：为用户设计；与用户一起设计；由用户设计。我们最常用的设计方法是什么呢？大多数企业是"为用户设计"，他们认为，设计是很专业的工作，用户是不知道如何设计新的产品的。而企业与用户一起设计，通过用户的知识能使设计的产品更满足用户的需求。

【实训任务】

实训目的：

（1）加深学生对创业机会评价方法的理解。

（2）使学生学会获取与整合创业资源。

训练要求：

（1）将全班学生分成若干小组，每组6～8人。每组设组长一名、副组长一名。

（2）每位学生搜集自己不打算继续使用的旧物品（如日常用品、服装、书籍等），以小组为单位将物品分类归集在一起，并由各组的副组长做好物品的统计工作。

（3）在组长的带领下，各小组成员讨论商定每件物品的销售价格，副组长进行销售价格记录。

（4）以小组为单位，各小组成员每天利用中午与下午课余时间各一小时在校园内自行选择人流密集的地方进行物品销售。销售活动须在连续的三天时间内进行，组长负责销售秩序和过程控制，副组长负责销售记录。

（5）三天后，各小组公布自己的销售成果（金额、件数及具体类别）。

（6）活动结束后，以小组为单位分析该机会能否成为创业机会，并说明原因；分析在本次活动中使用了哪些资源，以及是如何获取这些资源的。

训练考核：

训练结束后，根据下列评分标准对学生进行评分。

姓名		评价结果			
评价项目	评价标准	自我评价	小组评价	教师评价	总评
活动（40分）	准备充分；所选地点合适；小组成员能够团结协作，吃苦耐劳，共同克服困难；能够实现有效销售				
分析评价	创业机会评价方法选择适当，评价过程准确无误；创业资源分析全面、准确				

创业计划阶段

第五章 商业模式

【经典语录】

当今企业之间的竞争，不是产品之间的竞争，而是商业模式之间的竞争。

——现代管理学之父 彼得·德鲁克

【学习目标和实训要求】

学习目标：了解商业模式的概念、分类和战略定位。

实训要求：掌握大学生创业商业模式设计的技能要领。

【重点与难点】

重点：了解商业模式的设计方法。

难点：学以致用，能对最简单的商业模式进行合理设计。

【本章知识结构】

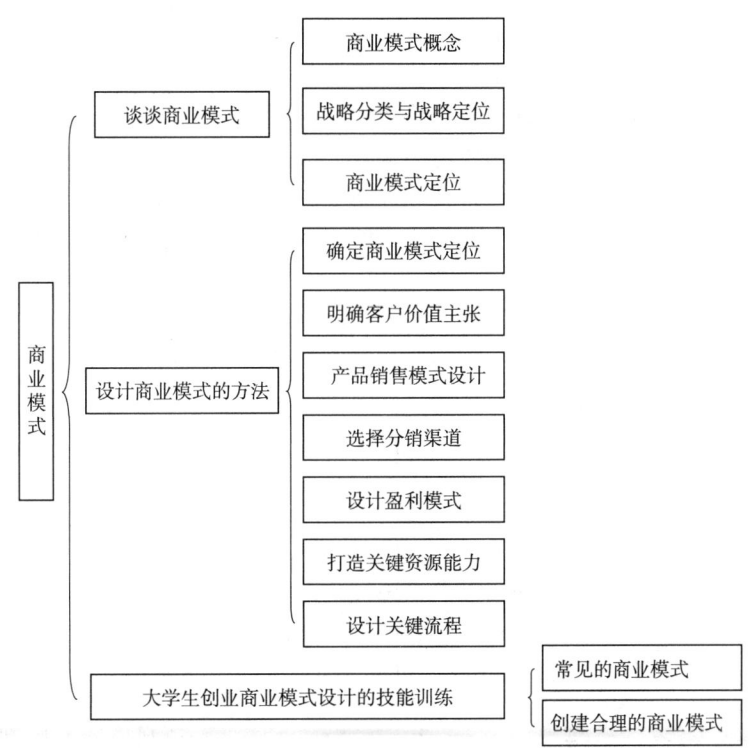

第五章 商业模式

【案例引入】

导读案例——吉列的"刀头刀片模式"

在电动剃须刀还不普及的年代,剃须刀是由一个刀头和一枚刀片构成。一般剃须刀的刀架的价格是1.2美元,刀片的价格是在2美分;吉列却以刀架55美分零售价格,25美分批发价格(相当于生产成本的四分之一),刀片的价格为5美分,以非常便宜的刀片占领了市场(注:吉列剃刀只能使用吉列发明的专利刀片)。

思考:从营销的角度来分析吉列采用了什么样的商业模式?这种商业模式具有什么样的独特性?

第一节 谈谈商业模式

一、商业模式概念

从上述案例可以看到,对企业创业项目而言选择合适的商业模式十分重要。企业发展的关键是商业模式,如果说资本是企业的硬实力,那么模式就是企业的软实力。

商业模式的定义。商业模式是企业家和风险投资者经常提到的一个词语,这个词语在20世纪50年代首次出现,90年代开始广泛见诸报纸和媒体。

泰莫斯认为商业模式是一个包括产品、服务和信息流体系,涉及三者之间的相互作用和关系。亚历山大·奥斯特瓦德和依夫·皮尼厄把商业模式界定为企业价值如何创造、如何传递以及如何获取的基本原理。李振勇认为商业模式是企业实现持续达成盈利目标、实现客户价值最大化而形成的一个具有核心能力的运行系统。

魏炜、朱武祥认为商业模式的本质是为实现公司定位的客户价值和投资价值而构建的利益干系人的交易结构,包括六个要素:业务系统、定位、盈利模式、关键资源能力、现金流结构和企业价值。这个商业模式定义在实践中具有很好的操作性,得到大多数学者和实践者的一致肯定。

商业模式的构成。魏朱"六要素商业模式"模型比较具有代表性。魏朱"六要素商业模式"是一个复杂的系统,其构成包括六个要素:定位、业务系统、盈利模式、关键资源能力、现金流结构和企业价值(见左图)。

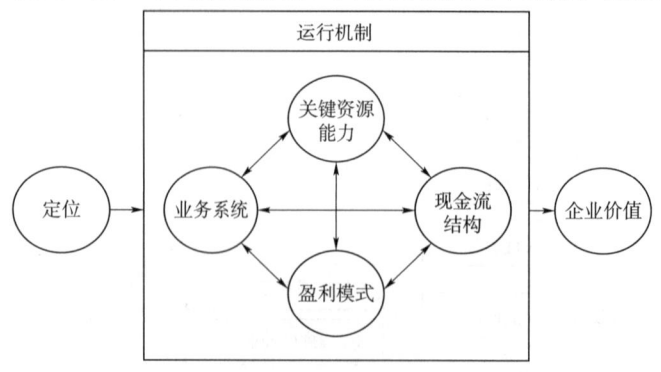

魏朱(Wei-Zhu)六要素商业模式模型

定位:企业满足客户需求的方式(产品、客户、需求和方式)。

业务系统:企业选择哪些行为主体作为其内部或外部的利益相关者。

盈利模式:以利益相关者划分的收入结构、成本结构以及相应的收支方式。

关键资源能力：支撑交易结构背后的资源和能力。

现金流结构：以利益相关者划分的企业现金流流入的结构和流出的结构以及相应的现代形态。

企业价值：未来净现金流的贴现。对上市公司而言，直接表现为股票市值。

在魏朱"六要素商业模式"模型中定位、业务系统、盈利模式和现金流结构回答了商业模式的形态问题；企业价值回答了商业模式的评价问题；关键资源能力回答了商业模式背后的逻辑问题。

二、战略分类与战略定位

战略是一个企业的方向，其中最重要的是选产品和选客户，解决的是商业模式向何处去的方向问题。

战略所讲的"定位"，是基于以下五个问题的回答：第一，企业面向的客户是谁，或者企业的市场在哪里（客户和市场在"定位"中是可以通用的）？第二，客户的需求是什么？第三，企业用什么产品或者服务去满足客户的需求？第四，企业产品或者服务的价值主张是什么？第五，在客户眼中，产品或服务给他带来了什么价值？其中，第一和第三个问题的回答是战略定位的含义，而第二、第四和第五个问题的回答偏重于对营销战略定位。

三、商业模式定位

不管是战略的定位，还是营销（战略）的定位，都忽略了跟客户需求联系紧密的一个问题维度：满足方式。炎炎夏日，我想喝一杯冰冻的果汁饮料，这是个确定的客户需求，但满足方式却能分成好多种：企业建立连锁店销售冰冻果汁，客户通过购买直接获得最终产品；企业建立体验作坊，提供多种水果原料、配方和不同配套榨汁机器，由客户通过现场学习，自己鲜榨果汁；企业销售榨汁机器，客户通过购买机器和水果，自己动手榨汁；企业销售即溶果汁粉，客户购买冰块，自己冲泡果汁并加冰……我们把"利益相关者需求的满足方式"定义为商业模式的定位，以此将其与战略定位和营销（战略）定位区别开来。

不同的商业模式定位，将影响不同的战略定位和营销定位。比如，建立连锁店销售冰冻果汁的企业，可能会考虑把店面建设在一线城市商圈，定位于商务人群（战略定位），强调环境的舒适、气氛的幽静（营销定位）；而如果是销售榨汁机器，则可能要考虑面向家庭主妇和年轻白领（战略定位），强调操作的简易性（营销定位）等。

营销定位的决策过程是动态的。同样产品，具备多种价值侧面，随便更换一个重点就有可能改变营销定位。例如，以前王老吉作为凉茶，给人的印象是中药，只有得病了才会去喝。而红罐王老吉更改价值主张，定位于降火的饮料，产品和市场都没做太大的改动，短时间重新定义了营销定位，并迅速取得成功。相对营销定位而言，战略定位的决策相对稳定。不管是开发新产品还是开发新市场都意味着组织结构的调整和人力资源的最新调配。商业模式定位则是最稳定的。打个比方，决定通过经销商还是通过连锁专卖店（商业模式定位）销售产品是一个在中期之内很难变动的定位。但是，决定进军一个新的区域市场或者开发同系列衍生产品（战略定位），这是在中期可以变动的。而同一款产品，把原来定位为高端消费者的"彰显身份"调整为中低端消费者的"大众潮流"（营销定位），这是在短期中容易出现的。由于决策和实施周期最长，最为稳定，因此如果先确定商业模式定位，而后确定战略定位和营销定位，决策成本最低，执行成本也最低。

需要指出的是，不管是商业模式定位、战略定位还是营销定位，都有其价值主张。换言之，价值主张可以来源于商业模式定位、战略定位或者营销定位中的任何一个，只是战略定位着眼于市场（包括客户和产品），营销定位着眼于需求，商业模式则着眼于满足方式。这是商业模式定位与战略定位和营销定位的一个重大区别。

第二节 设计商业模式的方法

商业模式十分重要，那么怎样去设计一个好的商业模式？根据魏朱"六要素商业模式"模型，基于价值最大化、保障持续盈利、实现资源整合、企业管理高效、有效风险控制、持续创新等核心原则，首先要确定商业模式定位，然后明确客户价值主张，才能围绕客户价值主张进行产品销售模式设计、选择分销渠道、设计盈利模式、打造关键资源能力和设计关键流程。

一、确定商业模式定位

商业模式定位是企业满足客户需求的方式。战略的定位主要关注提供什么产品、为谁提供，即更关注具体的客户及其需求，而商业模式的定位主要关注如何提供，换言之，更关注满足客户需求的方式。企业商业模式的定位应该主要涉及三个层面：业务定位、市场定位、产品或服务定位。

业务定位：对企业的业务进行定位，是商业模式定位的最重要一步。业务定位会对企业收集的信息起到过滤作用，它将告诉企业的决策层哪些机会应该抓住，哪些应该放弃。并且企业通过业务的定位可以明确谁是自己的顾客及竞争者，谁是自己的合作伙伴，自己应该拥有什么样的资源和能力。

> **拓展阅读**
>
> **美国的西南航空公司的业务定位**
>
> 美国的西南航空公司是全球最成功的航空公司之一。它的成功首先是业务定位的成功。西南航空公司原本只是美国德克萨斯州的一家中型企业。其他的航空公司都把企业定位在航空业，而西南航空公司却把自己的业务范围限定在运输业，而不是常规的航空业。既然是运输业，那么它的竞争对手就锁定在火车、汽车、轮船等交通运输工具上，而不仅仅是飞机。围绕这种业务定位，西南航空公司为自己打造出了以下两个方面的优势：第一，便捷。相比火车、汽车和轮船，飞机具有速度更快的优势。但是，其劣势是候机、托运行李和转机慢。为此，西南航空公司为了赶上火车等运输工

具这方面的优势,就设定西南航空公司不需要换登机牌,可以上机后定座位;全部是直达航班,没有转机服务,不提供行李托运服务;选择离市区最近的二流机场,这样路途非常短,交通非常方便,乘客自己开车搭车都可以。第二,经济。西南航空公司将自己定位为大众交通,所以在价格上要能与其他大众交通工具竞争。过去在美国坐飞机短途票价很贵,需180~200美元。而西南航空公司的短途票价只有60~80美元,比过去下降了100多美元。这个价格与其他交通工具相差无几。所以,西南航空公司已经不是与航空公司竞争,而是与包括公共交通及私家车在内的所有运输系统竞争。

点评:

西南航空公司成功的业务定位,把自己的业务范围限定在运输业,将竞争对手界定为火车、汽车、轮船等交通运输企业。围绕这种业务定位,西南航空公司为自己构建出核心能力和竞争优势。

从案例中我们可以看出,业务定位实际上就是回答企业的业务是什么。即企业选择做什么?企业要进入什么行业?它的业务范围在哪里?在这个领域产业链的哪一个环节?资源应向哪个方向配置?

1. 业务定位

第一,最常见的方法是按照企业所销售的产品或服务来定义自己的业务,如耐克公司处于运动鞋行业,施乐公司处于复印机行业,东风公司处于汽车制造行业。

第二,强调针对某类客户群的某些或所有需求定义企业的业务,如利乐包装的整体解决方案提供商定位,微软的软件供应商定位等。

第三,依据企业所处的行业价值链环节确定其业务,如品牌制造商、供应商、零售商等。

再具体一点来说,就是企业要做某个行业的某个环节。如国美业务定位于家电行业的零售;耐克业务定位于运动鞋行业的设计、市场运营和销售;当当网业务定位于图书行业的零售……当然企业的业务并不是一成不变的,它是随着社会和企业的发展而发展的。

总之,确定业务定位,就是根据企业的客户价值主张,对企业及其合作伙伴的所有经营活动进行选择、取舍和重组的过程。

2. 市场定位

市场定位就是我们常说的寻找目标客户,要选择目标客户、定义目标客户。设计商业模式时,最怕的一句话就是"老少皆宜",产品或服务谁都适合。任何企业都不可能把所有的客户作为自己的服务对象,因为每个产品都有它适合的人群,只对它适合的人群起作用,如"爽歪歪"只针对青少年,西洋参只针对老人,奔驰汽车只针对有钱人,大众汽车只针对普通消费者,七匹狼只针对男人,黛安芬只针对女人。

因此,企业在构建商业模式时必须明确为哪部分人服务,锁定一个相对狭窄的市场,进行市场调研和客户消费心理研究,把有限的资源用在刀刃上。选择目标市场时,需要注意:第一,市场规模有多大;第二,市场竞争的激烈程度如何;第三,企业的目标和资源是否与市场相匹配;第四,市场成长的潜力如何,是否是正在成长中的市场。

3. 产品或服务定位

市场定位后，找到了企业要服务的目标客户群，接下来就要进行产品或服务定位。产品或服务定位需要解决的是企业决定用什么样的产品（服务）来满足目标客户的需求。例如，向客户提供哪些产品和服务？企业所有可提供的产品或服务中，应该将哪种作为重点？以什么方式向客户提供独特价值？这里强调的是独特的，而不是一般的。以深圳市朵唯志远科技有限公司为例。很多人都知道朵唯手机，这是由舒淇代言的首款女性手机。这家企业选定了自己的目标客户——女性，专做"女性手机"，放弃男性市场为女性提供独特的手机产品。

不是所有的产品或服务定位都是好的，因此对公司来说，在向客户推出产品或服务之前，认真评价一下产品或服务定位是至关重要的。在决定提供一种新的产品或服务定位前，要确保它们至少满足四个标准：第一，新的产品或服务定位与现有的产品或服务定位不同；第二，在新的产品或服务体系下，产品和服务更好地满足了顾客的偏好；第三，新的产品或服务定位所需要的资源是竞争对手不具备的；第四，新的产品或服务定位是竞争对手难以模仿、复制的。

二、明确客户价值主张

既然商业模式的目的是为客户创造和实现价值，那么构建一个成功的商业模式，就需要确定一个有力的价值主张，而后，所有的活动都要围绕这个价值主张展开。凡是成功的公司都能够找到某种为顾客创造价值的方法，即帮助顾客解决某些需要解决的根本问题。如果我们的解决方案比其他对手的更好，那么，我们的客户价值主张就更有价值；否则，我们的客户价值主张就没有价值。

企业首先要确定客户价值主张，如果客户价值主张不明确，建立或创新商业模式就无从谈起。沃尔玛的成功和亚细亚的失败，某种意义上说是两者客户价值主张差异造成的。

1. 客户价值主张的含义

客户价值主张就是对客户来说什么是最有意义的，即对客户的真实需求的描述。很明显，客户价值主张是设计商业模式的根本出发点。换句话说，就是要发现客户关注产品的哪几点，它们的重要程度排序如何。

2. 创造客户价值的方式

了解了客户价值主张，接下来就是创造客户价值。如何创造客户价值？企业可以从产品的功能、质量、售后服务、价格、品牌等方面入手，只要某一项属性能超越同类产品，并且消费者也关注这方面的属性，那就说明创造了价值。创造客户价值可以从以下几个方面进行思考：性能上的提升；酷感的设计；新颖的客户体验；降低成本；产品或服务更便利；客户身份的提升；给顾客减少痛苦，带来快乐；给顾客安全感；可达性。

3. 制定独特的客户价值主张

不管是新创业的公司还是运行了几十年的企业，企业要发展下去，需要明确客户价值主张。也就是说要明确客户到底需要什么。制定独特的客户价值主张，为顾客带来独特的产品。而要有独特的产品就必须使产品差异化。那么什么是独特的价值主张？也就是找产品某方面的第一。如劳斯莱斯是世界上最尊贵的车，是"皇家贵族的坐骑"，是尊贵车里面的第一；宝马是驾驶最快乐的车，被称为"驾驶的乐趣"，是尊贵车里驾驶起来让人心情舒畅的第一。

三、产品销售模式设计

我们先来看一个故事：20世纪60年代，施乐公司锁定了复印机市场，开发出复印机。虽然机器精密，复印速度快，复印效果好，但机器价格高。刚开始施乐公司采用经销商的方式销售复印机给顾客，可由于价格高且经销商缺少专业知识，受到市场的冷遇。施乐公司决定改变销售方式，变经销商为直销。同时，施乐公司决定"出租"而不是"出售"自己的机器。施乐公司的这种销售策略很快打开了市场。在整个20世纪60年代和70年代早期，施乐公司获得了大约20%的净资产收益率。

施乐产品没有变，仅仅是销售方式的改变，就获得了不一样的效果。因此，不同的销售模式，会给企业带来不同的效果。缺乏有效的销售模式，看起来再好的商业模式也没有用。

1. 销售模式的定义

销售模式就是企业产品或服务的销售方式，这是商业模式的最基本的体现，是商业模式的实现通道。麦当劳的连锁销售方式、安利的无店铺直销方式、携程的网络销售方式等均为比较典型的成功销售模式。

2. 典型的销售模式

设计销售模式，最好的办法莫过于借鉴典型的销售模式，在借鉴的基础上，再进行创新。目前典型的销售模式有以下七种：

第一，经销商模式。经销商模式是销售模式里最为常见的一种。经销商模式主要由生产商、经销商、批发商、零售商构成。在国外，经销商模式常见于比较大的生产企业。

第二，代理制模式。代理制模式是国际上通行的销售方式，主要内容是通过合同契约形式，取得生产企业产品的代理销售权或用户的代理采购权，交易完成后收取佣金。

代理制模式也是外国公司为打开中国市场，与国内公司进行合作的一种经营方式。代理制在市场中按照是否有独家代理权，可以分为独家代理与多家代理；按照是否有权授予代理权，可以分为总代理和分代理；按照与厂家的交易方式，又可分为佣金代理和买断代理。

第三，直销模式。直销是指生产厂家直接将产品销售给消费者。直销模式与传统的分销模式相比，具有明显的优势。

第四，直供模式。直供模式是指企业不经过中间商（经销商、批发商、代理商等中间渠道），而是直接供货给终端，面对消费者销售。采用这种销售模式的企业一般是通过将货源直接供应第三方销售平台（超市、便利店、专业店等）完成产品销售。这种销售模式常见于产品价格比较低、品牌知名度高较高、资本实力较为雄厚的大企业。

第五，直营体系模式。直营体系销售模式也属于直销的一种。它是企业自己在某地某区域设立分公司、办事处或者营销中心，自己销售产品。要采用直营体系，企业必须具备三大要素：①产品市场规模足够大；②财力雄厚，不怕前期亏损；③分级管理体系完善。

第六，连锁加盟模式。连锁加盟是由拥有品牌的公司总部与加盟商签订合同，特别授权,使其在一定区域和一定时间内拥有自己的商标、商号和其他总部独有的经营技术,在相同模式的约束下实现企业的扩张,达到双赢或多赢的目的。特许人向受许人提供统一的品牌、技术、管理、营销等模式,受许人向特许人支付一定费用。

这一销售模式的最大特征是低成本、高速度的扩张和知识化、科学化的企业经营管理运作方式,由于借助他人的资金,相对来说风险、成本较低,特许人可以实现品牌的快速扩张。

第七,联销体模式。联销体模式是产品制造商与经销商深度合作,出资成立联销体机构的模式。如国内食品行业的龙头企业娃哈哈和空调行业巨头格力空调就是采用这种模式的典型代表。

四、选择分销渠道

销售模式和分销渠道就像人的两条腿一样,形影不离,互相影响。如果说销售模式是企业销售产品的一种方式,那么分销渠道就是销售产品的"货架"。分销渠道的类型:对于企业来讲,合理选择、设计、利用分销渠道,是商业模式的重要内容。对于一般的生活用品、家电用品等,常见的分销渠道不外乎百货商场、综合超市、便利店、专业店、专卖店、在线网络渠道等。

第一,百货商场。百货商场是以经营日用工业品为主的综合性零售商店,多为大、中型商场。百货商场主要销售服装、鞋帽、皮包、化妆品、首饰等,以穿戴服饰类为主。

第二,综合超市。综合超市主要是指以顾客自选方式经营食品、家庭日用品为主的大型综合性零售商场,是一种规模大、销量大、成本低、毛利低的自助服务的经营机构,其目的是满足顾客对食品和家庭日用品的全部需要。人们可以在这里购买到日常生活所需的绝大部分商品,免除了许多麻烦。综合超市一般经营的都是大众日常的消费品,不经营贵重商品,毛利由市场决定,因此适合各种食品、服装、家庭日用杂品、家用小电器、玩具以及计生用品等价格不高的商品将其作为销售渠道。目前,随着互联网的普及和电子商务的发展,人们将现实中的超市模式运用到互联网上,出现了网上商城和网上超市。

第三,便利店。便利店是位于居民区附近,主要以经营即时性商品为主,以满足顾客应急性、便利性需求的零售业态,是以便利性需求为第一宗旨,采取自选式购物方式的小型零售店。便利店主要是食品(冷热食品、冷热饮料、面类、蔬菜类)、日杂用品和文具等即时消费品的渠道。因为强调的是便利性,所以便利店也是杂志、报纸、计生用品、水电煤气交费、充值卡、收发邮件、复印、传真、彩扩、各种门票(彩票、门票、车船票、演唱会票、旅游票等)很好的渠道。

第四,专业店。专业店是专门卖某一品类产品或若干相互关联紧密的品类产品的商店,如专营电器、专营办公用品等的商店。服装、鞋、家用电器、礼品、饰品、玩具、建材、居住用品、化妆品、配件、图书、药品、计算机软件、眼镜、体育休闲产品、汽车用品等适合以专业店作为渠道。购买这些商品时顾客往往喜欢先比较再购买,因此放在专业店更有吸引力。

第五,专卖店。专卖店就是专卖某一品牌的店铺,如海尔专卖店出售多种电器,但只限于海尔这个品牌。企业选择专卖店这种渠道需要具备三种资源:①品牌;②产品线比较齐全；③选择专卖店渠道必须以高端形象为核心，因此这种渠道不适合农村市场。如苹果专卖店、LV 专卖店、格力专卖店。专卖店的选址一般需要选择商业街区或富人聚居地，尤其是高档名品专卖店。其特征是非常讲究店面装饰，给人以精品的感觉。

第六，在线网络渠道。随着互联网的普及，电子商务已经成为社会生活消费的一种重要方式。网络作为销售渠道，现在已经成为许多企业很好的选择。不过并非所有商品都适宜在网上销售，适宜网络渠道销售的商品一般具有以下特点：低参与度的商品，如快速消费品；体积较小的商品，主要是方便运输，降低运输的成本；产品无需售后服务；便于邮寄的产品；利润大的商品；具备独特性或时尚性的商品。

分销渠道的选择思路：凡是企业能接触到客户的地方就可以成为企业的销售渠道，在分销渠道设计方面，有以下三种思路可供选择：

第一，共享别人的渠道。渠道是具有共享性的。山东有一家保险公司，利用邮递员兼职业务员卖保险，销售得非常好。

第二，跨越终端直做社区。传统的超市、卖场、专卖店等渠道已经被许多大企业占领了，对于一般的小企业，要进入这些渠道非常难。跨越终端让产品直接与消费者见面，这是商家最希望的事情。现在有的商家直接把产品做到了社区。

第三，传统产业与互联网融合。互联网诞生以来，互联网信息技术与传统产业相互进入、产业交融。如中粮推出我买网，东方航空开始在淘宝直销。联想、海尔、格力、美的等这些中国大的家电企业都融入了互联网，开始在网络上售卖产品，苏宁和国美还有了网上商城。总之，不管企业做什么产品，与互联网的融合是不可阻挡的趋势。

五、设计盈利模式

有了好的销售模式和分销渠道，仅仅代表产品有了销售的可能，并不能说明这个企业的商业模式就是成功的商业模式，更重要的是看这个商业模式能否使企业盈利，且持续地盈利。如果客户是商业模式的心脏，那么盈利模式就是动脉。

1. 来源和计价方式

相同行业的企业，定位和业务系统不同，企业的盈利模式也不同。即使定位和业务系统相同的企业，盈利模式也可以千姿百态。比如，世纪佳缘和百合网两个婚恋网站为顾客提供的产品相同，都是网络婚介，但这两家企业在盈利模式上有本质的区别。

2. 设计盈利来源

企业盈利模式往往是多种盈利来源的组合，为了便于在设计盈利模式的过程中作参考，以下总结出市场上一些成功的盈利来源。

第一，所有权销售。这种模式主要依靠销售产品来盈利，包括实物产品、在线产品和数字产品。企业为顾客提供产品，顾客为使用产品进行付费，企业从这种付费中扣除企业成本，剩下的就是企业的利润。

第二，广告收费。人们对产品的付费方式是非直接的，而是依靠第三方支付。传统的报纸大部分是这样运营的，谷歌和百度等搜索引擎的盈利模式也是这样的。近几年，其他行业包括软件和服务行业，也开始逐渐向广告收入倾斜。

第三，租赁收费。这种收入源于针对某个特定资产在固定时间内的暂时性排他使用权的授权。承租方通过向出租方（厂家）租赁的方式获得设备或产品的使用权，然后利用设备产生的利润，向出租方交纳一定的费用，自己也能够从中获得利润。对于出租方而言，租赁收费可以带来经常性收入的优势。

第四，授权收费。这种收入来自将受保护的知识产权给客户使用，并换取授权费用。授权方式可以让版权方不必将产品制造出来或者将服务商业化，而仅靠版权本身即可产生收入。

第五，使用收费。这种收入来源于特定的服务收费。客户使用的服务越多，付费越多。例如，电信运营商可以按照客户通话时长来计费。

第六，经纪收费。这种收入是为了双方或多方之间的利益所提供的中介服务而收取的佣金。如信用卡提供商作为信用卡商户和顾客的中间人，从每笔销售交易中抽取一定比例的金额作为佣金，阿里巴巴的支付宝也是这样的盈利模式。同样，股票经纪人和房地产经纪人也是通过成功匹配卖家和买家来赚取佣金。

第七，订用收费。订用收费盈利模式是预收费，花一次钱，买下日后很多次产品或服务，在一定时间内消费完。这种收入来自销售重复使用的服务。这是现在许多健身公司、美容美体美发公司、餐饮公司、儿童乐园最常用的盈利模式。

第八，增值服务收费。这种模式通过基础服务免费、增值服务收费来实现盈利。此模式的可行之处在于，公司在服务1%的用户的同时，"顺便"服务其他99%的用户的成本几乎为零，以至于能够忽略不计。如腾讯公司提供给用户使用的网络聊天软件QQ是免费的，它所采用的主要盈利模式就是增值收费，如购买QQ空间、QQ秀、虚拟的衣服、道具（帮你看对手的牌）、宠物、博客的皮肤等。

第九，资金周转率盈利。会做生意的人，都懂得"薄利多销"是一条可取的生财之道。不要只看单个产品的利润高低，要看产品的数量和现金流的周转速度。大卖场、大超市大都属于这种盈利模式。

第十，产品＋内容盈利。采用这种模式的企业不再仅仅靠纯粹的产品本身赚钱，而是增加了从内容方面所获得的利润。这样，企业的盈利点由单一的产品盈利，变成了"产品＋内容"的双重盈利，无疑就增加了企业的盈利来源。苹果iPod、iPhone和iPad都是这样的模式。iPod、iPhone和iPad硬件终端产品不仅仅赚取了硬件利润，还锁定客户，然后通过iTunes（在线音乐商店）和App Stoze（在线应用商店）平台销售音乐、图书、电影、软件等内容产品给顾客。

第十一，"剃须刀＋刀片"模式。企业以成本价或低于成本价，甚至免费把剃须刀出售给消费者，然后依靠销售配套刀片赚取利润。像这种主产品低价吸引顾客购买，依靠配套辅材赚取利润的模式，称之为"剃须刀＋刀片"模式。

第十二，衍生利润。衍生利润盈利模式是指某一产品的产品形象、商标或服务重复地创造利润，是一种强有力的盈利模式。比如，迪士尼产品涉及影视娱乐、主题公园、消费产品等。影视娱乐作品的销售构成了迪士尼公司第一轮收入；迪士尼主题公园的经营收入构成第二轮收入；通过产品形象授权、出版、零售迪士尼消费品等途径获取第三轮收入。

3. 确定计价方式

计价方式是指以什么为标准进行收费。计价方式如下：第一，按时间长短计价，比如按小时计价、按天计价、按月计价、按年计价；第二，按时段计价，比如分白天价、夜间价、周末价；第三，按内容计价，比如按增加肌肉的数量来计价、按减肥的重量计价；第四，特殊服务，比如请教练、请陪练，教练也分一级、二级、三级等不同计价；第五，特殊设施，比如专业、非专业区别计价。

六、打造关键资源能力

如果说销售模式、分销渠道、盈利模式是商业模式构建中的客户价值的传递方式，那么关键资源能力和关键流程就是如何实现客户价值。关键资源能力和关键流程是相辅相成的。

企业是否拥有核心竞争力最终取决于企业是否具备关键资源能力。这些关键资源能力使得企业能够创造和提供价值主张、接触市场、与客户细分群体建立关系并获得收入。

关键资源能力概述：关键资源能力的构成，主要包括两个方面：一是企业拥有的资源，这些资源尤其是核心资源，在市场上购买不到，具有不可复制性；二是企业拥有的能力，即隐藏在企业资源背后的配置、开发、使用和保护资源的能力，这是企业产生竞争的优势。较深层企业的资源可以分为两种：一种是有形的资源，如财力、人力、物力等；另一种是无形的资源，如技术、商誉、文化、品牌、知识产权、专利、渠道、人际关系等。

企业的能力可以分为组织能力（企业承担特定业务活动的能力）、物资能力（包括原材料供应、零部件制造、部件组装和测试、产品制造、仓储、分销、配送等能力）、交易能力（包括订单处理、发货管理、流程控制、库存管理、预测、投诉处理、采购管理、付款处理、收款管理等）、知识能力（如产品设计和开发能力、品牌建设和管理能力、顾客需求引导能力、市场信息的获取和处理能力等）。

简而言之，关键资源能力是指向目标客户群传递价值主张所需要的人员、技术、产品、厂房、设备和品牌等资源和能力，是企业拥有的那些对其具体业务保持持续性的竞争优势至关重要的基础资源和能力。

根据营销专家研究，企业的主要资源和能力对企业的利润的"控制"指数如下：

成本优势指数为3，品牌、专利、版权为6，产品开发速度（产品提前期）为4～5，控制渠道、控制价值链为9，控制供应商、垄断原材料、独特的企业文化、建立行业标准为10，领袖地位为8，良好客户关系为7等。数值越大，表示该项要素越重要。

关键资源能力的表现：企业的关键资源能力对企业的贡献，总体来说主要表现在以下八个方面。

第一，核心技术的研发能力。关键资源能力对利润的保护强度，从战略控制指数来看，专利为6，建立行业标准为10，这两个方面均与技术有关，从控制指数方面来说也是最高的。因此，核心技术的研发能力是一个企业的关键资源能力的重要表现，尤其在技术性产品行业这一项更加重要。

第二，产品开发速度。从战略控制指数来看，产品开发速度为4～5，很明显，产品开发速度也是具有优势的关键资源能力。这样的例子也非常多。比如英特尔公司，不是每四年开始一个开发项目，而是几乎每年都要开始一项新产品的开发，以与竞争对手保持很大的差别优势。对于英特尔来说，在最新一代微处理器上保持六个季度的领先，就可拥有定价上的灵活性和高额利润。客户最看重的是处理能力，处理器的处理能力越高，对客户的效用就越大。计算机用户愿意为获得更好的功能而支付更高的价格。

第三，控制和获取原材料资源的能力。对于有的制造业来说，控制原材料和获取原材料也是一个企业的关键资源能力。尤其最近几年，人们不断地开发利用自然资源，导致自然资源不断地减少，获取这种资源的难度和成本不断增加。比如石油企业和钢铁企业。中石油和中石化可以说是中国最大最赚钱的企业。中石油和中石化不但控制了中国的石油原材料，而且还控制了从中东、非洲、俄罗斯等地进口石油的权利。所有这些获取石油原材料的能力，都是它们的优势。同样，钢铁制造企业要生存壮大也要打造这样的优势。铁矿石原材料供应现在绝对是钢铁企业的关键资源能力。目前，高品质的铁矿石由力拓、必和必拓、淡水河谷世界三大巨头控制。由于这三大巨头垄断了铁矿石资源，因此他们可以随意提高价格，致使我国的钢铁公司受人摆布，生存困难。

第四，品牌优势。千万不要认为消费者对产品的性能会有多少认知，消费者的选择很多时候是由产品的附加因素决定的。广告大师大卫·奥格威说："最终决定产品市场地位的是品牌，而不是产品之间微不足道的差异。"

第五，渠道优势。渠道在整个企业的营销策略中占有极为重要的地位，它犹如市场的血液循环系统。若渠道不通畅或阻塞，企业的再生产过程就不能流畅地进行。控制渠道资源对企业的利润保护指数是9，表明了渠道的重要地位。虽然渠道是无形的，但在当今社会中，它是一个企业最重要的资产之一，是企业的关键资源能力。美的、康佳、海尔、长虹等企业可算是中国的名企大厂，有很大的影响力，可是它们遇到国美和苏宁这些渠道商，也要放低姿态。

第六，成本优势。所谓的成本优势就是你的产品是否比别人便宜。虽然成本优势战略控制指数为3，并不算太高，但对于番茄、土豆等农作物和煤炭、铁矿等原材料产品，这些行业的产品品牌价值很小，科技含量不高，其成本优势就最为重要。

第七，领袖地位优势。企业经营的目的不外乎就是为了获取顾客，从顾客身上赚取利润。而领袖地位的获得，无疑对获取顾客具有非常大的优势。消费者在购物的时候，为了避免风险，总是选择行业中的第一名。在消费者心目中，第一就是最好的。因此，一旦抢先占领某一行业、某一品类的制高点，成为行业领袖，就可以形成其他企业难以逾越的竞争优势。

第八，独特的商业系统。麦当劳成功的关键因素之一就在于商业系统。商业系统可以让产品标准化、服务标准化，商业系统让消费者在不同的地方吃到相同味道的食品，商业系统让企业运营得以快速复制。

七、设计关键流程

战略决定企业做正确的事，组织决定企业正确地做事，流程则可以帮助企业高效、低成本、低风险地做事。战略的具体实施，正是通过企业的流程运作得到贯彻的。很多人都知道沃尔玛如何运作，也知道沃尔玛是折扣连锁企业的标杆，但很难复制沃尔玛的模式，原因在于低价的背后，是一套完整的、极难复制的信息资源和采购及配送流程。

第二节 设计商业模式的方法

企业流程一般分为经营流程、管理流程和业务流程。在企业流程中，经营流程是企业的战略流程，管理流程是企业的支持流程，也是辅助流程，业务流程是企业的核心流程。业务流程直接为企业创造价值，其他的流程主要是为企业的管理活动和业务活动提供各种后勤保障服务。业务流程主要是指直接参与企业经营运作的相关流程，通常包括企业从市场调研开始，直至将商品和服务提供给客户所发生的一系列的业务工作的全部过程。业务流程设计是商业模式中最为重要的一个环节，它直接影响到未来流程实施的效率和效果。

业务流程设计涉及信息、需求、预测、设计、研发、计划、采购、生产、销售、仓储、运输和交付等的全过程。而其中的每一项还可以进一步细分。这么多流程，不可能每个流程都平均对待，要有先后顺序和主次之分。应该把关键的几个流程优先设计，其他次要的流程围绕这几个主要流程再进行设计。不同的企业，关键流程也不同。如专业服务公司的关键资源能力一般是工作人员，关键流程自然也与人员有关，如培训和发展。对于戴尔等计算机制造商来说，其关键资源能力是完善的供应链和销售能力，故关键流程与供应链管理和业务销售有关。

要设计关键流程，首先要界定出哪些流程是企业的关键流程。一般来说，企业有什么样的关键资源能力，就有什么样的关键流程。找出业务流程里的关键流程后，就要围绕这个关键流程进行先后顺序和主次之分的设计。

第一，根据顾客对流程的看重程度设计关键流程。

企业满足顾客的需求是通过企业流程的运作来实现的，但这些流程对顾客的重要性排序是不同的，影响力也不一样。如银行在利率和一些政策都一样的情况下，作为服务性行业，能够提供令客户满意的服务是银行最重要的竞争因素。因此，银行的关键流程就是客户服务。如何确定哪些流程是顾客最为看重的呢？企业可以调查和分析哪些问题是顾客最关心的，据此确定流程的重要程度，以及设计流程的先后次序。

第二，根据企业关键资源能力设计关键流程。

企业关键流程设计关注的是整体最优，而不是局部最优。企业关键流程设计系统分析的内容包括企业的关键资源能力与市场购买力相匹配，企业的产品、服务经营战略是否符合企业内外部的竞争环境，怎样建立和发展顾客关系，企业的营销特性和产销特性，产品、服务特性和生产模式。由此确定应建立什么样的经营流程、业务流程和管理流程，以及确定哪些是企业的关键流程。

第三，根据营销特性设计关键流程。

根据营销特性的不同，企业可以划分为三大类：产品驱动型、顾客驱动型和分销驱动型。

产品驱动型的企业依靠手中掌握的产品核心技术，实际掌握着顾客的需求，从而推动市场发展。如英特尔公司、微软公司、宝洁公司等。在产品驱动型企业中。新产品研发流程具有非常重要的作用，是企业的关键流程。

顾客驱动型的企业由于没有掌握产品、服务的核心技术，因而被顾客不断变化的需求推动发展。如戴尔公司、OEM企业、零售业企业等。

分销驱动型企业则既可以是产品驱动型，也可以是客户驱动型，其特点是需要大量分销的渠道。如可口可乐、肯德基等连锁企业，以及生产销售日用品的企业。在分销驱动型企业中，销售渠道拓展流程是企业的关键流程，目的是不断地开拓新的销售渠道，扩大市场。

第三节　大学生创业商业模式设计的技能训练

一、常见的商业模式

在移动互联网时代，涌现出了许多创业机会，各种新的商业模式和应用层出不穷。根据学者统计，最常见的是以下九种主要的商业模式。

1. 平台模式

移动互联网发展到今天，平台开放的商业模式已经成为主流，各个垂直领域都出现了平台型服务商。腾讯的社区开放平台和微信开放平台，新浪的微博开放平台，阿里巴巴的电子商务平台等。

平台就是为合作参与者和客户提供一个合作和交易相结合的环境。平台模式是通过双边或多边市场效应和平台的集群效应，形成符合定位的平台分工。

2. 免费模式

人类有一种根深蒂固的本能总想获得免费的午餐，"天下没有免费的午餐"，但与之形成鲜明对比的是，人们一生中随处可以看到免费报纸、免费食物、免费软件等各种免费产品。当前，"免费"的商业模式就十分盛行，以下是三种常见的免费商业模式。

第一，免费＋收费的模式。这种商业模式是企业为用户提供免费服务，借助口碑营销、良好客户体验聚集大规模用户和流量，然后向用户提供增值产品和服务，以实现企业的盈利，如百度、腾讯、奇虎360等。

第二，免费＋广告的模式。典型例子就是电视媒体。

第三，互联网信息传播模式。如Youtube视频网站具有大量免费的视频，用户还可以通过互动方式上传内容。

3. 软硬一体化模式

构建"终端＋软件＋服务"全产业链的业务体系称为软硬一体化商业模式。软硬一体化商业模式最大的特点就是打造终端、操作系统、应用和服务一体化的生态系统，它们是相辅相成、不可分割的，从而使企业更具竞争力，在产业链中拥有更多的话语权。苹果开创了"终端＋软件＋服务"的软硬一体化商业模式的先河。

4. 专业化模式

所谓专业化模式就是移动互联网企业根据企业核心能力，选择专注于某一垂直市场或细分市场，通过专业化持续发展，做精、做深、做强，从而赢得在细分市场的领先地位。百度的成功在于企业拥有搜索核心技术和聚集了一支高素质的搜索核心人才队伍，并专注于搜索，专注于中国市场，从而使百度成为搜索的领先者。正如百度CEO李彦宏在总结百度成功的经验时，概括的三大法则：第一法则，做自己喜欢的事情；第二法则，做自己擅长的事情；第三法则，专注到底。只有专注才能使自己更优秀。

5. O2O 模式

O2O（oline to offline）模式就是将线下商务的机会与互联网结合在一起，即线上订购、线下消费模式，让互联网成为线下交易的平台，把线上的消费者带到现实的商店中去，真正使线上的虚拟经济和线下的实体经济融为一体。携程网是我国最早践行 O2O 模式的现行者。

6. 品牌模式

品牌是连接企业与客户的纽带，品牌是企业成长最重要的驱动力之一，这已是企业界的共识。凡是成功的公司无不重视品牌经营，它是立足市场的制胜法宝。小米的成功在于用互联网思维做手机，以大打民族牌，国内第一款可以和苹果媲美的智能手机为品牌定位，通过向客户提供高性价比的双核智能手机，吸引年轻消费群体，从而使小米品牌迅速走红。

7. 双模模式

埃森哲咨询公司在 2012 年 2 月《商业价值》上发表《移动互联网"用户模式"和"盈利模式"》一文，指出移动互联网的商业模式可以归纳为"用户模式"和"盈利模式"的双模模式。在这个"双模模式"中一边是用户模式，包括用户规模、用户体验、用户黏性三个要素；另一边是盈利模式，包括前向收费模式、后向收费模式、衍生收费模式和第三方收费模式。用户模式是盈利模式的基础，盈利模式是企业持续发展的保障，用户模式＋盈利模式＝商业模式创新。双模模式的典型案例如腾讯开放平台的商业模式。

8. 核心产品模式

核心产品模式也称为基础产品模式，它是通过打造一个可以扩展的核心产品，在迅速做大用户规模和做强平台后，利用这一平台用户、流量优势，陆续推出相关增值应用产品。用户在使用了核心产品后，也会购买或使用其他增值应用产品，企业通过销售增值产品实现收入。核心产品一般实行免费，企业的盈利模式更多是靠增值业务收费、后向广告收入等。360 就是这种模式的实践者。核心产品模式要成功最关键的就是打造切合用户核心需求的核心产品，且能做大核心产品规模。

9. 速度模式

小米科技公司成功的秘诀在于"专注、极致、口碑、快"，其中快是小米科技公司成功的重要因素。思科 CEO 钱伯斯提出著名的"速度制胜论"，他认为在新的竞争法则下，大公司不一定打败小公司，但是快的一定会打败慢的。速度制胜应是互联网发展的客观规律。

二、创建合理的商业模式

如何创建合理的商业模式，关键步骤如下所述：

第 1 步：建立商业模式蓝图。一旦找到了核心创意或突破性想法，下一步就是详细计划该如何让它走向市场。

第 2 步：寻找商业模式。寻找新的商业模式，使它在长期战略上与特定行业的关系密切的其他指数型组织合作。

第 3 步：验证市场和销售。一旦产品得到了目标市场的使用，那么就需要建立起客户获取渠道来促使新的访问者发现你的产品。

（1）你的顾客是谁？

（2）你解决的顾客问题是什么？

(3) 你的解决方案是什么？至少现状改善了10倍吗？
(4) 你会如何为产品或服务进行市场销售？
(5) 你的产品或服务的销售情况如何？
(6) 你如何扩大客户群体？

第4步：建立和维护平台。建立一个成功的平台，需要以下四个步骤：
(1) 找出某个消费用例的"痛点"。
(2) 找出生产者与消费者之间任何互动当中的核心价值单元或社交对象。
(3) 设计出一个促进这种交互的方法。
(4) 决定如何围绕这一交互建立一个网络。

拓展阅读

1. 国家出台政策鼓励和支持大学生创业

在促进大学生创业教育方面，2008年，国务院在其发布的通知中，明确指出高校应加强对在校大学生进行创业教育，促进创业带动就业。2009年在其发布的《关于加强普通高等学校毕业生就业工作的通知》中，再次强调了相关问题。文件指出，对高校毕业生从事个体经营符合条件的，免收行政事业性收费。有创业意愿的高校毕业生参加创业培训的，按规定给予职业培训补贴。强化高校毕业生创业指导服务，提供政策咨询、项目开发、创业培训、创业孵化、小额贷款、开业指导、跟踪辅导的"一条龙"服务。各地要建设完善一批投资小、见效快的大学生创业园和创业孵化基地，并给予相关政策扶持。鼓励支持高校毕业生通过多种形式灵活就业，并保障其合法权益，符合规定的，可享受社会保险补贴政策。

2. 为大学生创业者提供小额担保贷款和财政贴息

在2006年国家发布了《关于改进和完善小额担保贷款政策的通知》，在通知中明确指出，大学生在创业过程中可以在提供担保的情况下，获得银行为其提供的小额贷款，而财政按照央行公布的同期贷款利率3个百分点内给予财政贴息。创业大学生在校期间也可以得到国家的助学贷款。此后，几乎每年，国家都会出台相应的政策来进一步为大学生提供担保贷款和财政贴息支持。2014年，《国务院办公厅关于做好2014年全国普通高等学校毕业生就业创业工作的通知》中，明确了两条新的政策：一是对小型微型企业新招用毕业年度高校毕业生，签订1年以上劳动合同并按时足额缴纳社会保险费的，给予1年的社会保险补贴，政策执行期限截至2015年年底；二是科技型小型微型企业招收毕业年度高校毕业生达到一定比例的，可申请最高不超过200万元的小额担保贷款，并享受财政贴息。

3. 简化工商注册程序

目前，国家在办理工商注册、纳税手续和申请小额贷款方面尽量简化申请及办理的程序，为大学生创业提供便利，同时在创业大学生办理各种登记证书时，可以免收部分营业登记证、税务登记证照的文本费用，降低大学生创业成本。

4. 出台相应的税收优惠政策

为了鼓励和支持大学生创业，以创业促进就业，2011年，我国首次推出了关于大学生创业的税收优惠政策。2011年1月国家税务总局发布了《关于支持和促进就业有关税收政策通知》，通知中明确将税收优惠政策的对象界定为在校申请到自主创业证的大学生以及毕业年度在3年内的大学毕业生。税收优惠政策还对其从事的行业做了明确的规定。高校毕业生从事个体经营除从事建筑业、娱乐业、销售不动产、转让土地使用权以及从事广告业、房产中介、桑拿、网吧、氧吧等外，3年内在其当年实际应该缴纳的营业税、城市建设维护税及附加费和个人所得税可以按照每年每户8000元的限额依次扣减。

5. 支持大学生网络创业的专业性财政扶持措施

截止到2013年10月，单独明确提出大学生网络创业并制定了相应政策的省级行政区主要有八个，分别是浙江、新疆、河北、安徽、辽宁、陕西、吉林和天津。其中新疆、浙江、河北目前只有政策性文件，较为重要的有：2012年2月通过的《新疆维吾尔自治区实施〈中华人民共和国就业促进法〉办法》，办法将现行有效的支持就业创业政策措施法制化，支持更多的创业者们自主创业；浙江省2013年通过的《关于促进普通高校毕业生就业创业的实施意见》，鼓励支持大学生网络创业，符合规定的可享受诸多补贴优惠，并将小额担保贷款额度提高到30万元。除此之外的省份只有数个市或县政府制定了支持大学生网络创业的财税政策，例如青岛、锦州、郑州、宜昌等。

6. 国家支持大学生创业的平台

创业孵化基地。创业孵化基地是由各级政府出资，整合各种社会资源，为创业的大学生提供物理空间、配套设备和相应的创业扶持，以解决大学生创业过程中常遇到的场地、资金、管理等难题。近年来，我国许多省市都先后建立了创业孵化基地，为许多大学生创业者提供了实际的帮助。典型代表为上海漕河泾开发区创新创业园，促进科技成果转化，培育中小型科技企业成长，加速助推高成长科技企业发展，推动科技企业技术创新，于2012年年底被国家科技部正式批准为"国家级科技企业孵化器"。又如，依托于国家与地方政府的政策支持，安徽电子信息职业技术学院创业中心设立了创业孵化基地，为大学生提供一站式服务："帮助创业大学生充分享受政府针对大学生的创业扶持政策。由专人代办工商、税务、银行、劳动、科技等相关手续。组织创业大学生申请创业资金、小额贷款及科技三项资金扶持，简化申请程序，提高申请成功率。同时，为大学生创业企业提供法律咨询与服务，对企业的商务合同等商务文件给予法律指导和规避法律纠纷的服务。给予法律指导和规避法律纠纷的服务。"

创业园加创业基金模式。该模式是由政府或政府引导成立大学生网络创业园，同时辅以一定的创业基金支持。典型代表如郑州和上海的政策模式。郑州市于2010年6月在中原工学院信息商务学院成立该市首家初具规模大学生创业孵化中心。同时，该孵化中心还与郑州国际小商品城携手成立"壹元创业基金",用于资助"大学生网络创业孵化中心"的优秀创业人才和优秀创业项目。

上海市2006年8月成立大学生科技创业基金会(EFG),是全国首家从事推动大学生进行科技创业活动的非营利性公募基金会,基金会在复旦大学、松江大学城等校区设立了14个分会及4个专项基金分会,并提供投资、融资、担保、创业课堂等支持。只要项目通过评审,基金会可以注资5万元至50万元不等。目前,基金会已扶持了近700家大学生创业公司。此外,为了保障和支持大学生创业的发展,上海政府设立了专门的大学生创业基金即"天使基金"。基金将根据创业大学生提出的创业申请计划书,评估其创业项目,依据评估结果确定其创业所需的实际基金金额,并以股权投资的方式投入到大学生所创的企业,为其提供基金支持。"天使基金"可为大学生创业企业提供5万元至30万元的资金支持。

该模式是由政府或政府引导成立大学生创业大学,典型代表为青岛市。青岛市成立国内首所创业大学,2013年7月30日创业大学正式接纳社会报名,启动"网上创业大学"。"网上创业大学"包括门户网站、网上商城、灵动T台和商机PARTY平台。投入运营后,预计5年内可扶持大学生创业2万人,带动就业10万人,实现年产值100亿元。网上商城以青岛本土优势产品为主,为大学生打造一个零成本创业的电子商务平台,还可获得免费的技术服务、客户服务等。

【实训任务】

实训项目:创业模式设计实训。

实训目的:了解创业模式的基本架构;懂得创业模式设计的核心要素和检验方法。

实训组织:

全班同学可分为若干项目小组,每组5~8人,并选出小组长。

各小组结合任务和要求,充分讨论,深入分析,形成文字材料,最后综合形成小组调研报告。

实训要求:

请结合下列材料,经过小组充分调查和讨论,形成创业模式画布的初始方案。

京东商城商业模式

2004年成立的京东商城在2010年已经成为中国首家规模过百亿的网络零售企业。2003年的"非典"狂潮让京东公司的门店被迫关闭,库房存货积压,京东公司被迫成立京东商城,走上了网上销售这条道路。作为一个创新的电子商务公司,京东以信誉担保,所卖的商品都是正品行货,并且可以享受到传统店面一样的售后服务。由于减少了店面上的支出,大大地减少了运营成本,所以京东商城可以以低于实体店20%的价格出售商品,深得大众欢心。至于付款方式也是多种多样,可以货到付款、用移动POS机刷卡、用支付宝支付,还可以选择分期付款。京东商城的商业模式可以说是符合当下经济环境的最佳商业模式,所以京东商城的成功是必然的。

第三节 大学生创业商业模式设计的技能训练

创 业 模 式 画 布

行业	行业的成长速度（AC\VC看重），——市场规模、市场发展速度大公司的大项目战略制定，小公司小项目成长阶段市场、发展阶段行业					
自有	资源		项目		市场	
	核心资源人财物		来源		目标市场	
	核心业务		解决方案		渠道	
集成	合作伙伴		形成	产品与服务	顾客	
	Who			价值主张		
	What					
	Where					
财务		成本、费用，创办资金、运营资金，收入－（成本＋费用）＝利润				

69

第六章 创业计划书写作

【经典语录】

任何时候做任何事，订最好的计划，尽最大的努力，作最坏的准备。

——知名企业家、商界领袖 李想

【学习目标和实训要求】

学习目标：了解创业计划的特点及其重要性，认识创业计划书在创业过程中的作用，了解准备创业计划书的主要内容。

实训要求：掌握撰写创业计划书的方法，了解创业计划展示过程中需要注意的基本问题，了解创业计划书的评价要求。

【重点与难点】

重点：创业计划书的撰写技巧。

难点：市场调查时制订创业计划，对创业计划书的评价。

【本章知识结构】

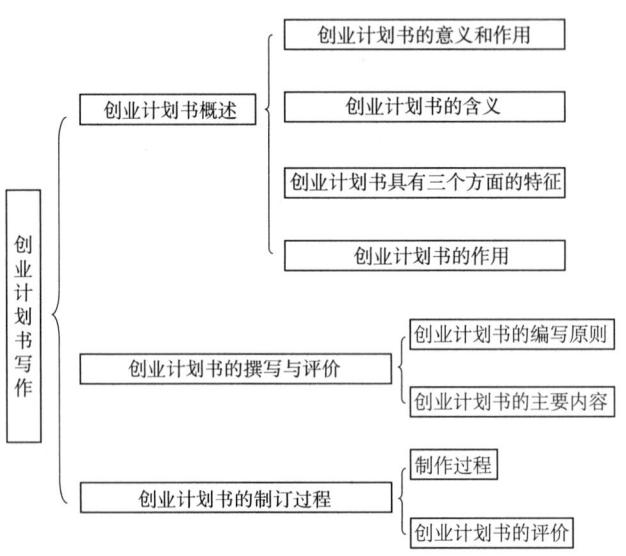

【案例引入】

张华经过多年的研究，在室内环境污染治理方面取得了一项重要突破，前景非常广阔。于是张华准备自己创业。由于资金短缺，张华想到了风险投资基金，希望通过引入合作伙伴的方式解决困境。为此，他多次与一些风险投资机构或个人投资者接洽商谈，虽然张华反复强调技术多先进，应用前景多好，并拍着胸脯保证投资他的公司回报绝对低不了，但总是难以令对方相信，而且他对于投资人问到的多数数据也没有办法提供，如市场需求量具体有多少？一年可以有多大的销售量？投资后年回报率有多高？就连招聘一些技术骨干也困难，这些人也对公司的前景缺乏信心。

这时，朋友一句话点醒了他，"那些技术有几个投资者懂？你连一份创业计划书都没有，怎么让别人相信你？投资者凭什么相信你？"于是，在向相关专家请教咨询后，张华又查阅了大量的资料，从公司的经营宗旨、战略目标出发，对公司的技术、产品、市场销售、资金需求、财务指标、投资收益、投资者的退出等方面进行了分析和论证，当然这个过程中，他还得不时搞一些市场方面的调查。一个月后就拿出了一份创业计划书初稿，经过专家指点，又再次进行了修改和完善。凭着这份创业计划书，张华不久就与一家风险投资公司达成了投资协议，有了风险投资的支持，员工招聘问题也迎刃而解。

现在，张华的公司经营得红红火火，年销售利润已达到500万元。回想往事，张华感慨道："创业计划书的编制与我搞的环境污染治理材料要求差不多，绝不是随便写一篇文章的事。编制计划书的过程就是我不断理清自己思路的过程。只有自己思路清楚了，才有可能让投资人、员工相信你。"

思考：

（1）为什么张华开始时拍着胸脯的保证无法令投资者相信，甚至连招聘技术骨干都很困难？

（2）创业计划书对张华的创业成功起到了什么作用？

第一节 创业计划书概述

创业计划书是正创业过程中的一个重要组成部分，它包括设定创业的具体目标、制定完成创业目标的各种活动安排等。同时，计划作为创业管理的一项重要职能，在面对纷繁复杂、动态变化的外部环境时，能给创业者和创业团队提供有效的应对策略。创业计划书是创业者叩响投资者大门的"敲门砖"，一份优秀的创业计划书往往会使创业者达到事半功倍的效果。

一、创业计划书的意义和作用

创业计划书是一份全方位的商业计划，其主要用途是递交给投资商，以便于他们能对企业或项目做出评判，从而使企业获得融资。创业计划书有相对固定的格式，它几乎包括反映投资商所有感兴趣的内容。从企业成长经历、产品服务、市场、营销、管理团队、股权结构、组织人事、财务、运营到融资方案。只有内容翔实、数据丰富、体系完整、装订精致的创业计划书才能吸引投资商，让他们看懂您的项目商业运作计划，才能使您的融资需求成为现实，创业计划书的质量对创业者的项目融资至关重要。

融资项目要获得投资商的青睐，良好的融资策划和财务包装，是融资过程中必不可少的环节，其中最重要的是应做好符合国际惯例的高质量的创业计划书。目前中国企业在国际上融资成功率不高，不是项目本身不好也不是项目投资回报不高，而是项目方创业计划书编写的草率与策划能力让投资商感到失望。

创业计划书的起草与创业本身一样是一个复杂的系统工程，不但要对行业、市场进行充分的研究，而且还要有很好的文字功底。对于一个发展中的企业，专业的创业计划书既是寻找投资的必备材料，也是企业对自身的现状及未来发展战略全面思索和重新定位的过程。

二、创业计划书的含义

创业计划书简单来讲，就是对创业过程详细的安排和部署。它包括确定创业的总目标、总任务和各个具体目标，明确所需要的内外部环境和要素，制定达到目标的策略、规划和程序，分析风险项目的可行性等。系统全面的创业计划书，是使整个创业过程获得最大效率的一项综合性的活动。

创业计划书不同于创业想法。正式的创业计划书与创业想法的区别主要表现在，后者仅仅是"意图"或者"创意"，把"意图"或者"创意"形成完整的报告或者计划，需要系统的思考，是一个创造的过程，是一段艰巨的孕育过程。

三、创业计划书具有三个方面的特征

第一，预见性。创业计划书就是对风险企业项目运作进行的前瞻性分析和运作，必须运用科学的方法对未来进行科学的预测。这些预测按内容包括：国家宏观经济形势、相关技术及工艺发展变化预测，市场份额及消费趋向变动预测、运营风险预测等。

第二，可行性。创业就是行动，没有具体的行动，创业就是一句空话，所以创业计划书又称创业行动计划。

第三，灵活性。由于受到创业者自身知识结构、信息完备程度、信息质量及人类有限理性的限制，难以准确地预测未来，因而对于不确定的未来，创业计划应具有灵活性，能随着人们认识的深化而调整。

四、创业计划书的作用

（1）创业计划书可以帮助创业者进行可行性分析，理清发展思路，了解企业价值。
（2）创业计划书可以帮助创业者与团队及员工沟通，提高凝聚力，实现有效管理。
（3）创业计划书可以帮助创业者与投资者沟通，获得创业融资。

一份完美的创业计划书不但会增强创业者自己的信心，也会增强风险投资家、合作伙伴、员工、供应商、分销商对创业者的信心。而这些信心，正是企业走向创业成功的基础。

第二节 创业计划书的撰写与评价

一位理性的投资者，尤其是风险投资家，在面对创业者时重点考察的是他的商业能力

与商业潜质，其中包括性格优势（如自信、成熟、有条理性、务实性、责任心、商业经验等）和项目优势（项目前景、项目竞争优势、项目回报等）。而考察性格优势和项目优势最好的方法，就是在通过项目说明会上演示创业计划书时。

因此，学会写好一份创业计划书，对于创业者能否成功融资意义重大。这不仅有助于创业者控制风险，而且有助于创业者提高融资成功率。

一、创业计划书的编写原则

在撰写创业计划书时，创业者需要注意的原则如下：

（1）清楚明了。语言简单；避免在一个句子里包含太多的概念和思想；前后句逻辑连贯；准确运用形容词；在适当的地方运用表格说明。

（2）简洁精炼。遣词造句谨慎又谨慎，删除冗长句子，留下精华信息。

（3）条理分明。如果句子之间具有很强的逻辑性，则易于记忆和增加影响力。避免不连贯的段落，即使句子组织得很好；确保在一个标题所说的所有内容都是一致的。

（4）真实可信不要夸大事实。

（5）数字说话。银行家或投资者阅读计划是习惯看数字的，也习惯按数字来思考。语句不能打动他们，除非有尽可能准确的数字支持。所以，尽可能量化你的创业计划。

二、创业计划书的主要内容

（1）封面。包括企业名称和创业者姓名等信息。

（2）企业概况。包括企业的主要经营范围和企业类型。

（3）创业计划作者的个人情况。包括创业计划作者以往的相关经验（包括时间）和教育背景，所学习的相关课程（包括时间）。

（4）市场评估。包括目标顾客及潜在顾客描述、市场容量或本企业预计市场占有率、市场容量的变化趋势及前景、SWOT分析。

（5）市场营销计划。包括产品或服务的主要特征、价格、企业的选址和销售方式等。

（6）企业的组织结构。包括企业的性质、员工组织结构和相应的法律责任。

（7）固定资产。包括工具和设备、交通工具、办公家具和设备、固定资产和折旧等。

（8）流动资金（月）。预测每月的流动资金，包括原材料和包装的费用和其他经营费用。

（9）销售收入预测（12个月）。

（10）销售和成本计划。

（11）现金流量计划。

第三节　创业计划书的制订过程

准备创业计划书是一个展望项目的未来前景、细致探索其中的合理思路、确认实施项目所需的各种必要资源、再寻求所需支持的过程。

需要注意的是，并非任何创业计划书都要完全包括上述大纲中的全部内容。创业内容不同，相互之间差异也就很大。

一、制作过程

1. 基础准备阶段

（1）组建创业团队与分工。一个良好的创业团队是做好创业计划的基础。团队中的每个人都要有具体的分工。

（2）确定创业模式。创业模式是指创业者为保障自身的创业理想与权益，而对各种创业要素的合理搭配，即创业的组织形式、创业的方式确定、创业的行业选择组成了创业模式。选择合适的创业模式，是创业成功的关键。

（3）搜集意见与建议。对于缺乏公司运作经验的大学生来说，广泛地听取企业各方面人士的建议和忠告，对于创业项目的运作和创业计划的撰写十分有益。

2. 讨论构思阶段

（1）市场机遇与开发。通过了解，确定现有市场中的问题。考虑如何利用市场机会来解决这个问题，潜在顾客有多少，销售额有多大，市场开发潜力有多大等。

（2）产品与服务构思。在确定产品和服务领域后，下一步就是要针对真正的顾客需要，帮助解决他们面临的实际问题。大致确定如何销售产品和推销服务，确定企业的利润来源。

（3）竞争策略。在确定了竞争对手之后，需要进一步了解竞争对手的具体情况。比如，和竞争对手相比，你的产品或服务在成本、使用价值、外观设计、技术创新等方面有何长处。

除了考虑这些重要方面之外，还要考虑并认真回答下列问题：

（1）自己的产品或服务是否具有高速增长的潜力？

（2）自己的产品或服务能否抵御竞争对手的竞争？

（3）自己的产品或服务需要多长时间才能将产品推向市场？前期投资是多少？

（4）自己的产品或服务经过一段时间的发展，是否具有潜力成为该领域的领先者？

3. 市场调查阶段

市场调查时制定创业计划的一个环节，是搜集和分析市场信息的过程。通过对该产品或服务所在市场的客观调查，创业者能了解到诸如行业特点、市场供求、行业竞争、增长潜力等有关重要情况，为创业计划的制订提供必要的资料和依据，也为企业今后的发展收集资料。

创业者可以采用统计分析研究法和现场直接调查法进行市场调查。统计分析研究就是对各种资料进行研究的方法，其前提是对已有的统计资料和调查资料进行系统研究和分析。一般说来，生产资料市场研究较多地采用这种方法，消费资料市场则以现场调查为主。

现场直接调查又可分为三种：

（1）询问法：有当面询问、座谈集体询问、电话询问、信函询问等。

（2）观察法：有到销售现场观察、生产现场观察、使用现场和家庭现场观察等。

（3）试验法：向市场投放部分产品进行试销，看消费者的反应，以检验产品的品种、规格、花色款式是否对路、价格是否适中等。

4. 计划书撰写阶段

按照前述创业计划书的内容、结构撰写各部分内容。在撰写创业计划书的过程中，要注意几个问题：

（1）避免容易犯的错误。包括过多描述技术特点，运营与市场分析不够饱满；观点缺乏数据或理论验证；文字赘述，缺乏图标等。

（2）简洁明了。写作中针对要解决的问题，做到结构清晰、语言简洁、通俗易懂。

（3）风格前后一致。一份计划书通常由几个人完成，但最后的版本应由一个人统一完成，以避免写作风格和分析深度的不一致。

5. 修改完善阶段

（1）在其他各部分完成之后，撰写1~2页的执行摘要。

（2）细致检查计划书的文字、格式、标点符号等，避免错别字与语法错误。

（3）设计漂亮的封面，编写目录与页码。

6. 检查评价

对创业计划书可以从以下几个方面加以检查：

（1）创业计划书是否显示出你具有管理公司的经验。

（2）创业计划书是否显示了你有能力偿还贷款。

（3）创业计划书是否显示出来你已进行过完整的市场分析。

（4）创业计划书是否被投资者所领会。创业计划书应该备有索引和目录，以便投资者可以较容易地查阅各个章节；还应保证目录中的信息流是有逻辑的和现实的。

（5）创业计划书中是否有执行摘要并放在了最前面，执行摘要是否写得引人入胜。

（6）创业计划书能否打消投资者对产品（服务）的疑虑。

二、创业计划书的评价

创业计划书是创业者自己或委托有关机构或人员制订的为创业融资预先安排的方案，其好坏直接关系创业项目的成败。因此，使用创业计划的组织或个人拿到创业计划书后，首先要对创业计划书进行评价，以判断其优劣程度。

创业计划书的评价，一般有第一方、第二方以及第三方评价。第一方为创业者，主要判定所指定的创业计划是否有吸引力或可操作性。第二方为资源提供方，包括风险投资者、一般投资人以及管理者、员工等。第三方为独立于计划制订及使用方的咨询机构，受人委托对创业计划进行评价。

对创业计划书的评价要求一般包括以下几个方面：

（1）创业计划完整全面。

（2）方案切合实际、有可操作性。

（3）技术含量高或具备创新性。

（4）经济效益好，风险评估得当。

（5）资金筹措方案合理。

（6）产品/服务新颖，市场前景广阔。

（7）顾客群分析合理，营销策略好。

【实训任务】

实训项目：创业计划书编写。

实训目的：了解创业计划书的基本组成部分。

实训组织：

（1）全班同学可分为若干项目小组，每组 5~8 人，并选出小组长。

（2）各小组参考本章内容编写一篇合格的创业计划书，并在班组内进行初步的评选。

第七章 创 业 资 源

【经典语录】

如果大环境小环境都自己去建设的话,我自身的能力和实力不具备。所以当时我们只有一个简单的想法,就是我把自己有限的资本或者力量聚焦到一个核心——如何去塑造品牌,把相关的交给社会来完成。

——上海美特斯邦威股份有限公司董事长　周成建

做企业要讲竞合环境。现在全世界的环境也是一个竞合环境。得意不可忘形,失意不可丢失信念。

——天使投资人、乐博资本创始合伙人　杨宁

【学习目标和实训要求】

学习目标:了解创业资源的种类、创业资源的具体内容。

实训要求:掌握创业资源的整合与利用。

【重点与难点】

重点:掌握创业资源的整合与利用的方法。

难点:学以致用,对现实生活中遇到的问题创业资源的整合与利用进行训练。

【本章知识结构】

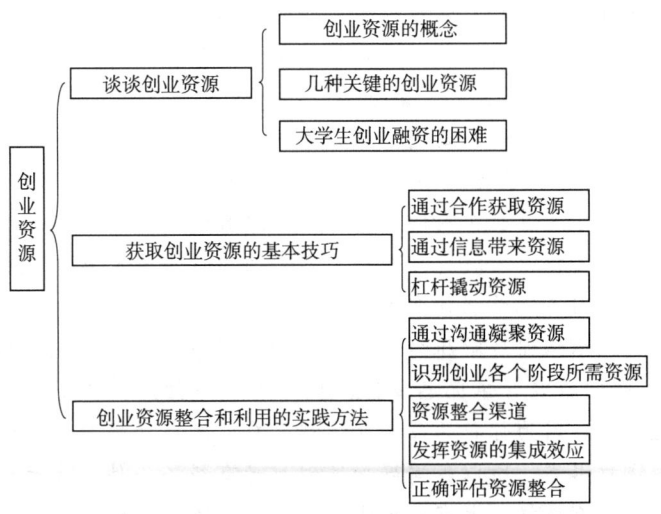

【案例引入】

导读案例——雷军：创业要融到花不完的钱

雷军回忆融资对他来说曾经是一个很高的门槛，做天使投资的时候就琢磨怎么能够像马云那么融钱。他总结过去创业三年多时间拿了五六亿美元，使他做手机的时候拥有了跟同样创业公司完全不一样的财力和勇气，扛住了风险。

所以我总结一下，我觉得小米的逐梦之旅就是三条：第一条，一个巨大的市场；第二条，找一群靠谱的人；第三条，相对同行来说永远有花不完的钱。我再讲一下我是怎么做的。

当我做智能手机的时候很多人觉得不靠谱，其实我连跟别人融资的勇气都没有，因为我自己想的是很疯狂的事情。如果我自己"骗"来这么多钱，把公司弄砸了，我是极没面子的。所以初期一年多时间小米都是隐姓埋名的，在这样的情况下怎么融资呢？我找了朋友圈里我最好的朋友刘芹，我跟他讲这个讲了一个通宵，融多少钱呢？不瞒大家说，融500万美元。在2010年融500万美元，这个作价并不高。刘芹说我最后打动他的是什么词？他说是因为我对创业有敬畏之心，所以他愿意投我500万美元。其实我自己并不差那500万美元，因为我自己也是投资人。但是我在想，如果这个钱全是我投的，我可能没有那么大压力。我得从别人手上拿到钱，所以我跟刘芹说"如果你投500万美元，我也投500万美元"。在2010年，我当时看到很多评论说"雷军是富二代，有很多钱"，其实大家说得没错，因为我前期创业成功，我的确有一点钱。但是如果我想把小米创办成功，如果我自己不是真正的创业者，这是一点可能没有的。

当我决定创业以后，我找的所有伙伴都不拿工资，每天12~15个小时，1周干6天，并且我们租了一个很小的办公室，而且极其节约，像一个真正的创业公司一样。我觉得小米成功的经验很简单，其实创业这点钱很多人都有，但是他们为什么遇到很多挫折？因为他们没有把自己当做真正的创业者。

小米背后有很多东西是我们员工点点滴滴做出来的，初期我们全体员工70几个人都投了钱。我原本不想让大家掏钱，是有一个从微软来的工程师，说："我在微软干了6年，攒了五六十万，买不起房子，也不想买车，炒股票嫌麻烦，我天天在小米干，我对小米有信心，我能不能投资小米呀？"我听完挺感动的，我说你讲得有道理。

但是我拿着员工的钱，你们知道有多大压力吗？等于我自己找了75个老板，每一个人都会到你办公室问一下："雷总，我们现在干得怎么样了。"我当时跟我一个合伙人说，要不然大家随便投，赔了都算我个人的。我合伙人跟我说，你真不能这么说，你要这么说大家就没压力了，大家要投小米就得真的投，不能因为你雷军有钱就这么讲，你这么讲大家就不真诚了，说你绝对不能承诺你兜底。

说实话，因为我没承诺兜底就压力巨大，有一个同事跟我说："我老公的港股全卖了，全部换成米股了。"她问我经营情况怎么样，我真的压力巨大。但是，掏自己的钱创业是创业成功率最高的一种，因为你花的每一分钱都是自己的血汗钱和别人的血汗钱，不会轻松把别的投资人的钱打水漂。所以我觉得如果创业者有经济条件，我无论如何都希望他们个人掏一点钱，因为只有这样，大家花自己钱的感觉是不一样的。

我们融了第二轮资、融了第三轮资，第三轮融资挺夸张，我们手机很火，但是没上市，在将成未成之时，可是没钱我们又做不成手机。找供应商很痛苦，我找的都是大公司，订货时候要全款预定，提前三个月付款，资金压力很大。我就跟投资人交流了一下，我说，我大概还需要小1亿美元，你们能不能支持我，作价10亿美元。我非常庆幸得到了支持，因为大家觉得小米是有机会的。

到最近一轮是2013年8月的融资。说实话，那100亿美元估值反而是小米这些年融资最便宜的一次，因为业绩和财报都出来了。我也是运气好，碰到投资界很多极有远见的人，在他们的努力下，在我过去创业三年多时间拿了5亿～6亿美元，使我做手机的时候拥有了跟同样创业公司完全不一样的财力和勇气。这个勇气是和多少钱有关，当这么多钱的时候，一点点风险你扛得住。

思考： 谈谈雷军是如何寻找和整合资源的？

（资料来源：http：//money.163.com/14/0521/08/9SOP0U4600253G87.html，有删减）

第一节　谈谈创业资源

一、创业资源的概念

在创业过程之中，有了创业机会，还需要足够的创业资源，才能保证创业机会在资源平台上转化为创业实践。创业者需要了解创业资源的重要性，并需要不断开发和积累创业资源，还要借助企业内外部的力量对于各种创业资源进行组合和整合。

信息获取能力是指创业者在社会生活或创业过程中捕捉、吸收和利用信息的一种潜在能力，包括信息接收、捕捉、判断、选择、加工、传递、吸收、利用、搜集与检索能力。

创业需要资源，从广义来看，即从创业企业的内外部条件来看，创业资源包括创业者、人才、技术、资本、信息、市场、关系、营销网络等；从狭义来看，即从创业企业的内部条件来看，创业资源包括人力资源、财力资源、技术资源、信息资源等。因此信息获取能力本身有助于对丰富的、高质量的信息资源的获取。

由于新创企业在资源获取过程中的信息不对称，信息资源作为一种特殊的战略性资源在新创企业资源获取过程中发挥重要的杠杆作用。因此，信息获取能力在相当程度上影响着创业者对其他创业关键资源的获取，直接影响并决定新创企业的创业绩效。

创业资源是创业者在创业过程中运用的所用资源的总和，包括了人力资源、物质资源、信息资料、社会化服务体系等有形和无形的资源。

与创业者有关的资源：创业者的关系网络。伯诺伊特和朱利恩认为，创业网络是创业者（创业企业）所拥有的各种社会关系，包括创业者的个体网络以及创业企业的组织关系网络。

创业网络是创业者或创业企业在创业活动中的嵌入。根据尤兹的阐述，网络关系是多种多样的，如商业的、合作伙伴、代理、导师等，这些途径使得资源能够同时存在于个体网络和组织关系网络两种关系中，现有文献认为网络系统对于小企业来讲可能是一个弥补稀缺资源的主要途径。例如，外部网络帮助企业找到新的资源源头。或许更重要的是，外部网络也是一个获取信息的渠道。这些关系网络能够增强企业扶取资源的能力,因为网络是创业者获取外部资源的一个方法。

前人的研究指出,创业网络有三种类型:社会网络、支持性网络以及公司网络。社会网络中包括亲人、朋友以及熟人;支持性网络是由一些支持机构,如银行、非政府组织组成;公司间网络包括其他所有企业。

大学生创业的网络形式是比较单一的。大学生由于大部分的时间是在学校读书学习,因此很少有机会接触社会,这就造成了大学生的创业网络中几乎没有政府网络和商业网络的存在。而大学生在校期间积累了一定的人力资本,因此大学生在创业之初主要依靠的网络类型是个人网络。由于政府对于大学生创业的政策支持,他们具有一定的支持性网络,例如银行等金融机构会为他们提供相应的小额贷款等。因此,大学生的创业网络类型主要有两种,即个人网络和支持性网络。

创业团队:不管创业者在某个领域多么优秀,他也不可能具备所有的知识和经营管理经验,而借助团队就可能拥有创业所需要的各种知识和经验,例如顾客经验、产品经验、市场经验和创业经验等。同时,通过团队,人脉关系网络可以放得更大,能够有效地增进创业者的社会资本,提高创业成功的概率。因此,创业团队本身就是一项极为重要的创业资源。

团队创业较个人创业能产生更好的绩效,其内在逻辑在于创业团队是一个特殊的群体,群体能够建立在各个成员不同的资源与能力基础之上,贡献并且整合差异化的知识、技能、能力、资金以及关系等各类资源,这些资源以及群体协作、集体创新、知识共享与共担风险产生的乘数效应,能够帮助新创企业更好地克服创新的风险和资源的约束。

政府政策:创业政策可以通过多种途径和方式对创业活动产生正面影响。支持创业教育与培训、创业计划等方式,增强创业意识,培养创业精神,提升创业技能;资金扶持、减免税费、财政补贴、社会保障;为创业者提供信息与管理咨询及专业化服务,提供金融支持、项目支持、政府购买和基础设施等;通过新闻媒介、教育机构等正面宣传,引导人们关注创业,改变对创业的态度,培育先进的创业文化,法律保障、公平的市场竞争环境、知识产权保护政策、小企业扶持政策,促进初创企业成长。这些都是政府干预创业资源的市场配置,有利于创业资源的获取。

二、几种关键的创业资源

1. 人力资源

关键的人力资源包括创业者、核心成员、合作伙伴和管理团队。

2. 信息资源

关键的信息资源包括市场信息、项目信息、资金信息以及政策法规信息。在信息技术和互联网、全球化等的背景下,对信息资源的充分占有,决定了创业的成功率。

3. 资金资源

资金资源包括股权融资和债权融资。资金就是企业的血液。有研究数据表明,制约大学生自主创业的最主要的几个因素,缺乏资金占65%。

资金的来源有自有资金、亲朋好友的资助、贷款、政府资助、天使投资、风险投资等。下面对资金来源进行简单介绍:

第一节　谈谈创业资源

(1) 自我融资。我们说大学生缺乏资金，并不是说完全没有。大学生投入资产的数量并不重要，重要的是其投入资产要在大学生个人全部资产中占较大比例。这也正是吸引投资的关键所在。因为大学生比任何投资者都清楚新创企业的商业机会和前景，自投资金可以给投资者信心。

然而，虽然创业者自我融资能缓解新企业的资金压力，但这并不是一个根本解决办法，尤其是当企业所需资金较大时。比如一个有前景的项目需要投资几百万，这对于大学生来说简直就是天文数字，这时就需要其他的融资方式了。

(2) 亲朋好友资助。亲朋好友是常见的启动资金来源，因为他们不像专业投资者那样要求快速的回报。对于生存型创业来说，亲朋好友出于对大学生生活的帮助，提供部分资金以支持创业，缓解大学生生存之急；对于机会型创业来说，亲朋好友出于对大学生事业的支持和帮助，在他们创业起步阶段借贷部分资金予以帮助。

但这种资助也存在一些问题。通常情况下，这些亲朋好友并没有对市场做细致的研究，也不熟悉商业风险，他们更多的是听从大学生一面之词，忽略了对项目风险的严谨调查就借钱给他们。这时，为了降低创业风险，大学生应该将项目的真实信息告诉亲友，请他们出谋划策，也提醒他们要对风险有所认识，这样不论是对于创业建议，还是对于今后延迟归还，甚至不能归还资金，都是一种事先的交代。当然，如果能说服亲朋好友对项目进行投资而不是借贷，从而明晰资产关系，明确双方的责任，是最好不过的了。

(3) 天使投资。天使投资是自由投资者对有创意的项目或者小型的初创企业进行一次性的前期投资，是一种非组织化的创业投资形式。他们通常在项目构思阶段就进入，重在获取高额的回报率。

天使投资有三个特点：一是直接向企业进行权益性投资；二是不仅提供资金，而且还提供知识和社会资源服务；三是过程简单，资金到位及时。天使投资者通常是以下两类人：一类是成功的创业者，他们主要是基于自己的经验提携后来者；另一类是企业的高管或高等院校和科研机构的专业人员，他们拥有丰富的创业知识和洞察能力。这些投资者就像天使一样，希望通过自己的资金和专业经验辅导和帮助那些正在创业的人们，以自己的企业家精神来激发他们的创业热情，延续或完成他们的创业梦想。

(4) 合同贷款。贷款是一种常用的方法，不过这时候的贷款一般附加比较苛刻的前提条件，其目的就是在不影响公司正常经营和决策的前提下，约束创业者的资金使用和创业行为，或者公司经营不善时投资者拥有资产处置的权利。大体说来，有这样两种形式，一是约束创业者行为的条款，如约定未经投资者允许的情况下，创业者不得购买或出售公司的股份，以及要求创业者在特定时期归还投资者投资额的强制赎回权等，如创业者未经投资者允许不得离开公司，或者离开时还保留新创企业的很多股份；二是投资者优先权利的条款，如投资者可根据自己的判断力选择可转换证券，或其他允许投资者将优先股转成普通股的金融工具。若创业者没有达到事先约定的一些要求，创业者应放弃对新创企业的部分所有权。极端情况下，投资者享有新创企业的所有权等。

(5) 政府资助。近年来，各级政府为了鼓励大学生创业，相继出台了一系列资助政策，甚至一些无偿资助，部分解决了大学生创业的资金燃眉之急。如杭州市政府对大学生创业实施如下无偿资助：一是针对大学生而言的项目无偿资助；二是电子商务类项目无偿资助；三是文化创意类项目无偿资助；四是科技种子基金无偿资助；五是流通行业无偿资助；六是留学生项目无偿资助。这些资助都可以通过立项申报获得。

（6）风险投资。风险投资也称创业投资，多来源于金融资本、个人资本、公司资本以及养老保险基金和医疗保险基金等。它常常投资于成熟市场以外、风险极大的领域，如高科技领域。就各国实践来看，风险投资大多采取投资基金的方式运作。风险投资与一般投资不同，主要有以下三个特点：一是高风险性，风险投资的对象主要是刚刚起步或还没有起步的中小型企业，企业没有固定资产或资金作为抵押或担保。投资目标常常是"种子"技术或是一种构思或创意，多处于起步设计阶段，还没有投入量产或大规模服务，是否有市场还不确定，故而风险性高；二是高收益性，风险投资是前瞻性投资战略，投资者预期企业高成长、高增值，一旦投资成功，通常会带来十倍甚至百倍的投资回报；三是低流动性，风险资本在高新技术企业创立初期就投入，当企业发展成熟后，才可以通过资本市场将股权变现，获取回报，继而进行新一轮的投资运作。因此投资期较长，通常为3～5年，甚至5～8年。此外，如果风险资本退出渠道不畅，撤资将十分困难，因而风险投资流动性较低。

股权融资与债权融资的区别

项目	股权融资	债权融资
本金	永久性资本，保证企业最低的资金需要	到期归还本金
资金成本	根据企业经营情况变动，相对较高	事先约定固定金额的利息，较低
风险承担	高风险	低风险
企业控制权	按比例或约定享有，分散企业控制权	无，企业控制权得到维护
资金使用限制	限制条款多	限制少

拓展阅读

贷款——银行"6C"信用标准

品德（Character），是指借款人的诚实守信或还款意愿，如果对此存有任何严重疑问，就不予放贷。

能力（Capacity），是指借款人无论是企业还是个人所具有的法律地位和经营才能，这反映了其偿债的能力。从经济意义上讲，借款人的偿还能力可以用借款者的预期现金流量来测量。

资本（Capital），是指借款者财产的货币价值，通常用净值来衡量（总资产减去负债）。资本反映了借款者的财富积累，是体现其信用状况的重要因素，资本越雄厚，就越能承受风险损失。

经营环境（Condition），指借款者的行业在整个经济中的经济环境及趋势。像经济周期、同一竞争、劳资关系、政局变化等都是考虑的内容。

抵押品（Collateral），借款人应提供一定的、合适的有价物作为贷款担保，它是借款者在违约情况下的还款保证。

连续性（Continuity），指借款人经营前景的长短。

三、大学生创业融资的困难

事实上,大学生创业筹资非常困难。为什么?因为投资者对创业者一开始并不相信。创业者识别的不确定创业机会是建立在别人无法拥有也无法识别的基础之上,否则其他人也开始创业了。因此,投资者必须在信息较少的情况下决定是否向未来前景极不明朗、价值极不确定的新企业提供资金。这种不确定性和信息不对称导致了新企业融资的困难,创业者需要在有限透露项目信息的前提下,向投资者解释并极力说服投资者进行投资。

> **拓展阅读**
>
> **案例:"视美乐"面对资本的惆怅**
>
> 曾被誉为中国第一家高科技学生创业公司的视美乐,如今几乎销声匿迹。视美乐的创始人之一徐中对外公开表示:"我们几个人当初满怀理想创立了视美乐,希望三五年能够上市,20年能发展成为中国的索尼、爱普生。现在,公司已不是当初所想象的样子了,我们几个都转变了方向,可以说是壮志未酬。"
>
> 1999年3月,王科、邱虹云和徐中组队参加了清华大学第二届学生创业计划竞赛,并作为最优秀的5个团队之一参加了全国大学生创业计划竞赛的决赛,获得了金奖。同年5月,视美乐诞生,注册资金50万元,邱虹云任公司总工程师,王科任总裁,徐中任总经理。其核心技术为多媒体超大屏幕投影电视,被专家称为"具有革命意义的产品"。
>
> 创业初期视美乐急需大笔资金的注入,因此他们开始了艰难的融资工作。
>
> 2000年4月25日,视美乐公司与青岛澳柯玛(6.200,-0.06,-0.96%)集团有限责任公司共同组建北京澳柯玛视美乐信息技术有限公司,注册资金3000万元,双方各占50%的股份。原视美乐公司的主要技术人员全部进入澳视公司。
>
> 如今,青岛澳柯玛集团控股澳视70%的股份,三位视美乐创始人只作为小股东存在,相继退出了公司管理层。对于过去的创业经历以及后来的退出,这些曾经的创业大学生都不愿意再谈。而随着澳柯玛侵占上市公司资金案发的伤筋动骨,视美乐也从此一蹶不振。
>
> 视美乐的失败并非一个特例。"视美乐的核心问题是资金短缺。"如今在清华大学任教的徐中掩饰不住脸上的伤感,经验不足也是其中问题之一。
>
> (资料来源:http://finance.sina.com.cn/leadership/case/20070205/11163312581.shtml)

第二节 获取创业资源的基本技巧

一、通过合作获取资源

要获取创业资源,就要寻找到可以提供资源的对象。方法有:一种是找到少数的拥有丰富资源的资源提供者，如政府、银行、大公司等，这方面创业者往往没有优势；另一种是尽量多找潜在的资源提供者。

商业活动强调利益，要获取资源，需要认真分析潜在资源提供者关心的利益所在。一旦不同诉求的组织或个人之间存在共同利益，或能够建立起紧密的利益联系，就成了利益相关者。利益相关者应当合作，合作需要共赢。合作总要有一个开始，在没有合作基础的前提下，一开始就共赢不容易。

老洛克菲勒有这样一句名言，建立在商业基础上的友谊永远比建立在友谊基础上的商业更重要。经济全球化的重要特征是资源的全球性流动，"不求所有，但求所用"，合作可以突破空间、组织和制度等方面的限制，从而在更加广阔的范围内开展，这也是创业活动活跃的重要原因。要成功地获取创业资源，创业者必须要有创新的思维，要兼顾各方面利益，通过多种方式合作达到共赢的境界。

二、通过信息带来资源

创业者信息技能包括信息需求识别及表述、信息检索及获取、信息评价及处理、信息整合及学习、信息利用与开发等。掌握并善用信息技能，对于创业者把握商机、获取创业资源、做出创业决策、推进创业企业成长都十分重要。

在全球金融危机中，一些企业就是因为对金融信息的反应迟钝，遭受了灭顶之灾。不少创业者则是因为及时获取并利用了有价值的信息而创业成功。

在知识经济时代，掌握并善用信息和网络技术不仅能使创业者摆脱烦琐的文件和纸上作业，可以轻而易举地对企业产品的库存、销售、业绩、市场占有量、竞争对手的情况、顾客对企业产品的反馈信息等进行即时控制，而且可以充分利用员工创造性劳动和技术专长，对信息和数据做出更加正确的判断，使其成为企业决策资源。

三、杠杆撬动资源

杠杆效应就是以尽可能少的付出获取尽可能多的回报。无形资源往往是撬动有形资源的重要杠杆。杠杆可以是资金、时间、品牌、公共管理、能力等，方式可以包括借用、租赁、共享、契约以及资源外取等。

成功的创业者一般具有丰富的社会资源和快速、准确的信息资源，并善于利用关键资源，特别是无形资源的杠杆效应"撬动"资源。具体体现在以下几个方面：

(1) 能比别人更加长地使用资源。
(2) 更充分地利用别人没有意识到的资源。
(3) 利用他人或别的企业的资源来完成自己的创业目的。
(4) 将一种资源补足另一种资源，产生更高的复合价值。
(5) 利用一种资源撬动或获得其他资源。

拓展阅读

万向集团的创始人鲁冠球说："企业对资源的组合和利用过程，实际上是一个资源转换的过程，谁的转换效率高，谁就是赢家。万向能够在国际市场站稳脚跟，使产品进入通用、福特等世界一流跨国企业，并不是我们做到了世界最好。在国外，我们在技术、质量上比不过优秀的同行；在国内，我们在成本、价格上比不过很多的小厂。但我们为什么能够稳定、快速地发展，根本原因在于我们打通了国内外的资源，使企业成了多国资源的结合体。"

今天的万向已经发展成为这样一家企业：设备是德国的，原材料是美国，管理人员是日本的，厂房和劳动力是中国的。这些资源通过跨国转移融为一体，其国际生产成本和价值都得到了更明确的体现和提升。

四、通过沟通凝聚资源

沟通很重要，具有较强沟通能力是创业者成功获取资源的关键因素。

有两个数字可以很直观地反映沟通的重要性，就是两个"70%"。

第一个70%。创业者70%的时间用在沟通上。开会、谈判、协商、拜见投资者或走访客户等是最常见的沟通形式，撰写计划书和各类文字材料实际是一种书面沟通的方式，对外各种拜访、联络也都是沟通的表现形式，管理者大约有70%的时间花费在此类沟通上。

第二个70%。企业中70%的问题是由于沟通障碍引起的。例如，创业企业常见的效率低下的问题，往往是由于缺乏沟通或不懂得沟通所引起的。此外，企业里执行力、领导力不强的问题，归根到底都与沟通能力的欠缺有关。

人与人之间最宝贵的是真诚、信任和尊重，其桥梁就是沟通。创业企业的资源获取，在很大程度上就是通过企业与内外部的沟通来实现的。与外部的沟通，主要包括与投资者、银行、政府部门、媒体、业界、客户、供应商等通过沟通建立联系，获得信任，与对方达成共识，强化了创业者的社会网络，争取多方的支持或帮助，取得一个共赢的结果；在企业内部，通过有效的沟通，凝聚了员工人心，聚合了自有资源，降低了内部冲突，提升了整个企业的效率和业绩。

拓展阅读

金宝汤料公司的总裁道格拉斯·科南特提出了沟通建立人脉关系的五个步骤。

步骤一：确定你的人脉群体。首先，想好你要集中全力在哪个领域一展身手。你希望为大公司、中等规模的公司，还是初创企业工作？你所感兴趣的，是营销、销售、制造、IT，还是什么其他具体的职能？你在地域上有哪些限制？其次，根据这些指标列出一份联系人名单，其中不仅要包括选定公司的高管，还要有猎头专家、咨询顾问，以及任何能够在你的兴趣和专长领域对你有所帮助的人。

步骤二：征求意见和建议。与名单上的每个人取得联系，对他们说："我是某某人推荐的。我想听听您对我求职有何意见和建议，希望您能给我15分钟的时间，我将不胜感激。"在面谈过程中，你要简短地概括一下你的背景和技能，然后征求他们的意见和建议。记住，这次会面的目的不是求职。你必须尊重对方的时间，仔细倾听对方的每一句话。会谈结束时，你可以问问对方建议你还要和哪些人谈一谈。这样，每次面谈过后你都能增加两位联系人。几个月后，你在自己的兴趣领域就会找到一大批联系人。

步骤三：会谈结束后的第二天，立即以个人名义，向你在会谈过程中接触过的每个人，不仅要包括与你谈话的对象，还包括高管助理，甚至前台接待人员，发送一份手写的感谢信。这表明你是位素质优秀的人才，考虑周到，并能主动掌控全局。这个机会能让你在求职中显得与众不同，要充分加以利用。

步骤四：定期以电子邮件跟进。建立一份备忘录，定期给每位面谈对象发送一份简短的电子邮件，说："我只想告诉您，我的求职很有成效。我和您推荐的某某人谈过，再次感谢您为我牵线搭桥。同时，如果您能将您获悉的其他机会转告给我，我将不胜感激。谢谢，祝您继续取得成功。"

步骤五：让人脉网络保持活跃。找到新工作（你一定会的）之后，要通过经常联系使人脉群体保持完好。如今，我与初期群体中的许多人仍保持着定期的联系。只要有可能，我就会尽量回报他们的慷慨之举，他们也会继续在我最需要的时候予以支持。

无论你是在寻找一份新工作，还是要确保你能跟得上自己领域内的发展变化，精心构建自己的人脉网络并保持其完好无损都是大有裨益的。你会发现，如果你能以谦恭尊敬的态度对待他人，那么对方也会表现出惊人的慷慨大度。

第三节 创业资源整合和利用的实践方法

创业者想要成功地开发出机会，进而创建一个新企业或者开拓新的事业，在很大程度上取决于他们所能够掌握和整合的资源，以及对各种资源的利用情况。然而，就创业活动而言，它是在资源高度约束情况下开展的商业活动，大多数创业者在进行创业活动之初总是陷入资源匮乏的尴尬境地，因此，资源整合和管理能力就必然成为创业者开展创业活动的必修课程。在现实生活中，优秀的创收者在创业过程中所展现出的卓越的创业技能之一，就是创造性地整合和管理创业资源，方法有如下几种。

一、识别创业各个阶段所需资源

根据初创企业的各个阶段，对资源的需求也是不一样的。创业阶段大致可分为创意期→种子期→起步期→成长期→成熟期。

二、资源整合渠道

有必要整合现有资源，建立专门平台，将分散的政策资源统一规划利用，提高政策的实际应用效率。如辽宁省为大学生创业搭建专门的指导和服务平台，为大学生创业企业提供创业教育、政策试验、理论研究、师资培训、学生实训、企业孵化、项目对接等活动，

第三节 创业资源整合和利用的实践方法

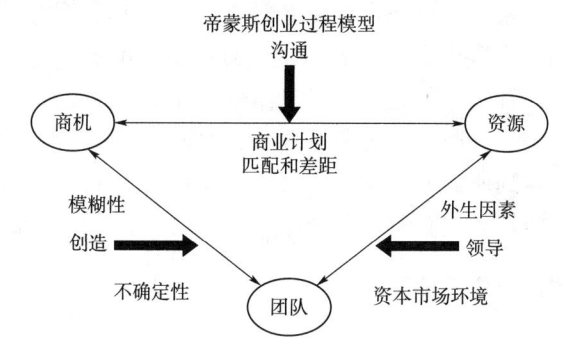

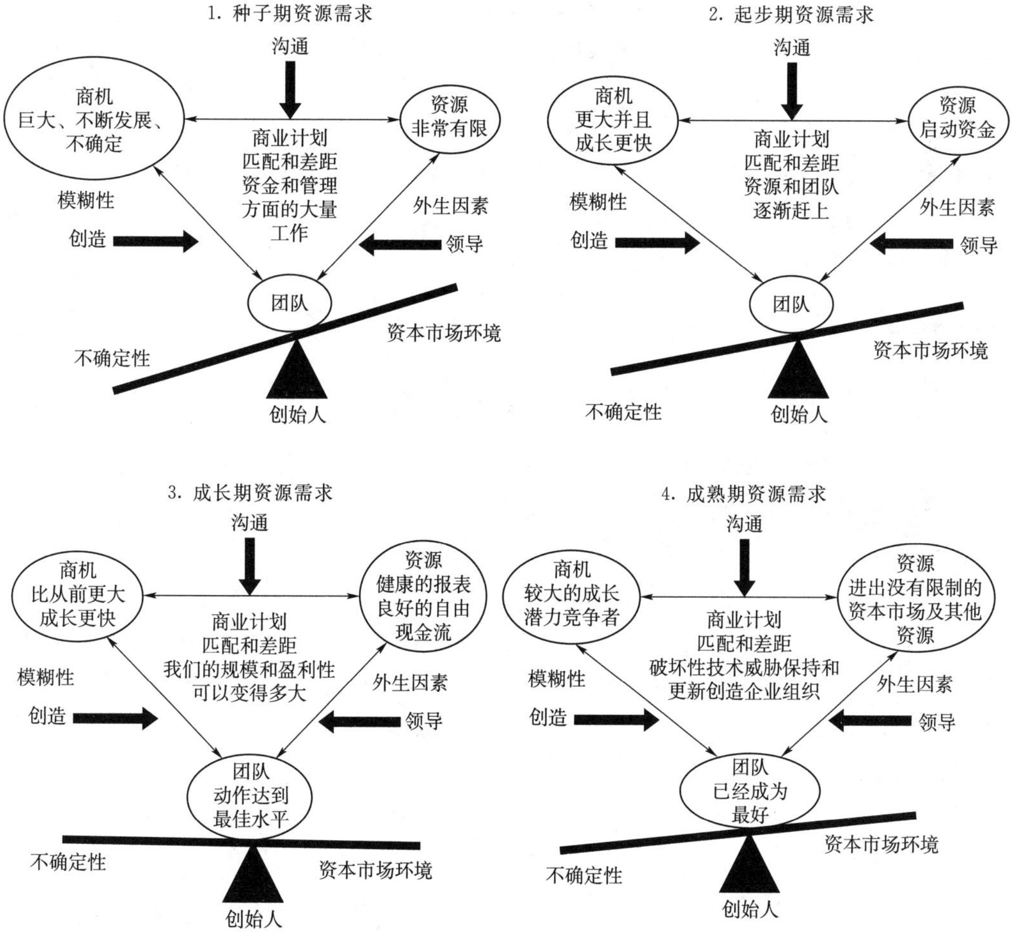

并为入驻的创业大学生提供众多优惠政策和服务。

大学生创业过程中资源整合的主要问题：一是资源过于分散，难以整合，这一点主要表现为大学生创业中的社会资源、技术资源、资金资源等散存于不同部门；就拿政府资源来说，尽管政府出资对大学生创业提供必要的资金支持是当前各项政策中的一项重要内容，但实际操作中，这些创业资金分散在不同的政府部门，出现资金使用效率低、政出多门、相互扯皮和推诿的现象,这在一定程度上削弱了政策支持力度;二是由于大学生缺乏相应的整合能力,因此很难形成合力;大学生只有初步的书本知识,多数没有工作经验,很多同学也没有家族创业背景,因此无法亲身体验资源整合的过程,也无法得到资源整合的指导意见或建议;三是部分同学没有资源整合的意识。有的甚至设想可以轻易地通过市场、寻租或政府指令等得到所需要的资源。虽然在某些阶段,这些获取资源的方式部分可行,但总体来说,认为能轻易地获取创业资源,只能是一厢情愿的幻想。

三、发挥资源的集成效应

大学生创业是否拥有资源就能成功?显然不是。关键是将这些资源整合,从而发挥集成效应。事实上,成功与否和资源投入多少并没有很大的关联,更重要的是,组织如何运用创意来投入、配置资源。然而一般创业的人常常依据他们的想象来使用其所拥有的有限资源,有的创业者为了快速扩张,常常不顾一切倾注所有资源(有的资源是因为抓住机会才得到的成果)。但是事实上,他们投入所有的资源往往还不够。一个有效能的创业者往往能将资源做节省的配置。他们在尝试得到更多资源掌控以及追求更多机会之前,通常会先巩固已经得到的成果。成功的创业者希望能投入更多的资源,但是如果资源不够,他们会量力而为,以较少的资源做更有效能的事。

拓展阅读

创业资源成功整合案例

在天津生活的人都知道国际商场。国际商场是天津第一家上市公司,20世纪80年代初期开业,定位于引进国外最好的商品,让改革初期急于了解国外又无法出国的人了解国外。准确而新颖的定位使国际商场开业后很红火。

国际商场紧邻南京路,南京路是一条十分繁忙的主干道,道路对面就是滨江道繁华的商业街。在国际商场刚开业时,门口并没有过街天桥,行人穿越南京路很不方便,也不安全。修建天桥是很正常的事情,估计经过那里的人都会自然地想到这一点。但是,绝大多数人都会觉得这个天桥应该由政府来修建,所以也就是想想、发发牢骚就过去了。

有一天,一位年轻人同样产生了这样的想法,他没有认为这是政府该干的事,而是立即去找政府商量,提出自己出钱修建过街天桥,而且不说是自己建的,希望政府批准,但前提是在修建好的天桥上挂广告牌。不花钱还让老百姓高兴,而且天桥也不注明谁出资修建,政府觉得不错,就同意了。这个年轻人拿到政府的批文,从政府出来后立即找可口可乐这些著名的大公司洽谈广告业务,在这么繁华的街道上立广告牌,当然是件好事。

就这样,这位年轻人从大公司那里拿到了广告的定金,用这笔钱修建了天桥,还略有剩余。天桥建好了,广告也挂上了,年轻人从大公司那里拿到余款,这就是他创业的第一桶金。

四、正确评估资源整合

需要多少资源才能掌握住机会？大学生创业者必须对资源投入与潜在收入进行权衡，以便做出正确决定。大学生创业管理所面临的许多危机，往往是因为资源投入过多或不够所致。为此，要准确地评估所需要的资源，这是后期资源投入的基础。

【**实训任务**】

实训项目：百宝箱。

活动规则：每位学员从百宝箱中挑选1种资源，创业团队将资源集中到一起。给出挑选资源的理由，以及整合的理由。

活动时间：讨论时间5分钟。

活动要求：2~3组分享观点，每组的时间控制在5分钟以内。

资金资源	信息资源	技术资源	人际资源
小额贷款	免费的创业培训	入住创业园	成功的企业家亲属
贴息贷款	免费专家指导	创业实习基地	共同意愿的朋友
10万元存款	减免税政策	可用作门脸的家庭住房	圈内的老师同学
风险投资者的联系方式	政府关系	丰富的网络资源	做媒体的亲友
专利	家族企业	专业技能	关系很好的哥们
政府1:1配套资金			

实训项目：计算所需资金。

时间：20分钟

活动要求：分组进行。

考虑内容提示：确定资金需求应考虑的三个方面：个人支出、营运资金、企业开办资金。

项目	开业前	第一季度	第二季度	第三季度	第四季度
房屋					
设备					
办公家具					
办公用品					
员工工资					
创业者基本支出					
营业税费					

续表

项目	开业前	第一季度	第二季度	第三季度	第四季度
业务开拓费					
广告费					
水电费					
电话费					
保险费					
企业储备金					

每组设想一个创业项目，思考并与同学、朋友进行讨论，这个项目需要哪些资源？如何得到这些资源？一段时间精选出好的项目，完善后与专业人士接触，请他们提出修改意见。

第八章 创 业 融 资

【经典语录】

好的投资人会帮你一起种树、施肥、浇水、灭虫,所以理所当然他也有资格分享果实。

——全球十大创业家 陈五福

【学习目标和实训要求】

学习目标:了解几个常见的创业融资平台;了解创业融资计划书的结构要点;掌握创业融资演讲的特征与方法。

实训要求:学会根据企业发展的不同阶段,选择合适的创业融资平台;掌握创业融资计划书的结构要点与写作技巧;掌握创业融资的演讲技能。

【重点与难点】

重点:根据企业发展的不同阶段,选择合适的创业融资平台。

难点:完成一份标准的创业融资计划书。

【本章知识结构】

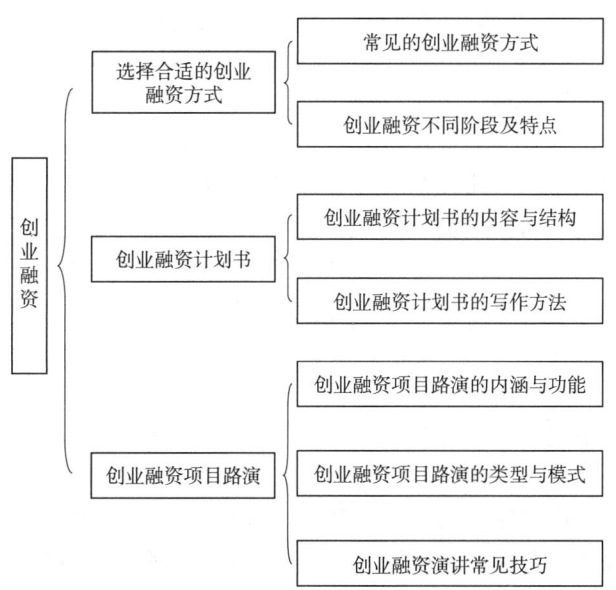

【案例引入】

温城辉,礼物说创始人兼CEO,人称"90后马云",目前礼物说公司的估值10亿元人民币。就读于广东外语外贸大学,高中曾主办校园纸质杂志,获得人生中的第一桶金。

大学创立校园明信片品牌"绘城印象",销售出 100 万张纸质明信片,多次得到新华社、南方都市报等媒体的报道。2013 年创立广州贴贴信息科技有限公司,开始涉足移动互联网,带领团队打造出贴贴二维码和贴贴明信片两款产品。现任礼物说科技 CEO,旗下产品礼物说已拥有近 2000 万用户。2014 年 8 月,礼物说获红杉资本等投资机构 300 万美元 A 轮投资。2015 年 4 月,礼物说再获顶级风投 3000 万美元 B 轮投资。

演讲在温城辉创业、融资和企业管理中发挥了极大的作用。2015 年 9 月 20 日,温城辉在北京卫视"我是演说家"节目中发表"演讲伴我成长"的演讲,讲述自己靠演讲赚得了人生第一桶金,靠演讲获得了 3000 万美元的投资,靠演讲我管理着近百名的比自己年长的员工。他说:"在我 22 年的经历里,演讲一直陪伴着我的成长。15 岁那年,它教会我要勇敢的走向讲台;18 岁那年,它教会我要和团队们一起合作;21 岁那年,它告诉我,要用真诚去打动你的投资人。"

思考:根据温城辉的创业及创业融资经历,您对创业融资有什么认识?您认为,在创业融资活动中,创业融资计划书的写作、创业融资演讲技巧与创业项目本身,哪个更重要?

第一节　选择合适的创业融资方式

一、常见的创业融资方式

创业过程中,经常面临的难题之一就是"资金缺乏"。正所谓"万事俱备、只欠东风",经常听到一些青年朋友感叹"给我一个支点,就能撬起整个地球,可是支点在哪里呢?"于是在创业的众多现实案例中,常常会上演"一分钱难倒英雄汉"和"出师未捷身先死,长使英雄泪满襟"的唏嘘场面。

创业融资是创业者克服资金短缺的重要手段。但是,由于创业者客观条件不同,他们的融资方式也会各有不同。因此,选择适当而有效的融资方式至关重要。

按照资金来源不同,创业融资方式大致分为两种类型:内源融资和外源融资。内源融资原指企业不断将自己的储蓄转化为投资的过程,具有原始性、自主性、低成本和抗风险的特点。外源融资原指企业通过一定方式向企业之外的其他经济主体筹集资金,此外,企业之间的商业信用、融资租赁在一定意义上也属于外源融资的范围。

1. 内源融资

对于一般创业者来说,内源融资主要是亲情融资。特别对于大学生来说,比较缺乏具有经济基础的人际关系网络,而且创业的首笔资金数额一般不会很大,所以向亲友借钱是个人筹集创业启动资金最常见、最简单、最有效的方式。这种融资方式因由亲情牵线,所以对于融资者来说基本不存在中途撤资的风险,而且一般都是一次性支付。其突出的优点在于一般没有利息支出或为低利息支出,筹资成本很低,同时也不需要信用记录或抵押。

尽管从亲友那里获得资金较为容易,但也有其缺陷。创业者应全面考虑投资的正负面影响,以公事公办的态度将通过亲情融资取得的资金细节进行整理,并最后形成一份正规的协议。如果创业出现问题,无法按时还款,可能会伤及双方感情,以后再借很难。所以，选择这种融资方法的创业者，在筹资时应向亲友说明创业计划的可行性与预期收益以及潜在风险，争取让其明白投资所用。

2. 外源融资

（1）政策基金。近年来，我国促进各级政府和社会组织设立了大学生创业基金，为大学生创业者提供资金帮助。这种基金融资一般分贷款和入股两种形式。其中贷款需要承担还款压力，而入股则需要考虑股份的分配和公司控制权的占有问题。但他们都具有资金链稳定和筹资成本较低的优点。例如，上海市大学生科技创业基金就是公益性的创业"天使基金"，也是培育自主创新创业企业的"种子基金"。其下设两种资助计划："创业雏鹰计划"和"创业雄鹰计划"，分别以债权与股权两种方式对青年创业者提供资金上的帮助，并提供相应的后续支持与服务。

（2）银行贷款。银行贷款被誉为创业融资的"蓄水池"，在创业者中很有"群众基础"。它可进一步细分为担保贷款、抵押贷款、信用贷款、创业贷款等。但很显然，初出茅庐的大学生既没有可靠的担保人或担保机构，也没有贵重的抵押物，更不存在优质的商业信用，因此对于大学生创业者来说，前三种贷款方式意义不大。

唯一可以考虑的就是创业贷款。创业贷款是近年来银行推出的一项新业务，凡是被认定为具有一定生产经营能力的个人，因创业需要均可申请。这种贷款不仅利率较低，而且有的地区有一定的补贴，一旦申请成功，创业者即可享受较为优厚的条件。但是其门槛很高，对申请企业的要求很严苛。这对于大学生创业者来说，无疑是一个大难题。因此，想要获得创业贷款，必须有一个严密可行的创业计划，充分考虑还款压力和还款时间与企业预计经营状况的关系，确定贷款金额。

（3）合伙融资。如果新创企业是合伙形式的，那么就可以通过合伙融资来获得企业的首笔资金。合作伙伴之间还可以实现优势互补，整合人脉资源，实现新创企业健康快速的发展。该种融资方式的风险存在于财务和管理两方面。因为合伙企业是无限责任制的，一旦公司出现危机，合伙人必须以全部财产按比例承担责任。此外，合伙人之间的协调也十分重要。创业大学生们往往都是一腔热血，有自己的创业理念，这就导致合伙人之间很容易出现摩擦。因此，在合伙创业开始之前，创业者要与合作者将权利、义务以及如何经营，如何获取投资收益，如何区分工资所得与股东权益所得等一系列问题谈清楚。合伙融资最应该注意的是合伙人之间是否具有相互信任的基础，如果仅仅是因为资金的缺乏而选择合伙，最有效的措施就是在合伙之前将所有可能发生的问题以法律合同的形式固定下来，以免不必要的麻烦。

风险投资起源于美国，一般是高科技企业赢得资本的方式。风险投资商多关注以高新技术为基础，生产与经营技术密集型产品的投资，比如IT、药业、电子产品制造业等。风险投资的着眼点不在于投资对象当前的盈亏，而在于他们的发展前景，以便通过上市或出售取得高额回报。它是一种流动性较小的中长期投资。创业者往往在创业初期投入资金，经过3～7年才能开始渐渐取得收益。投资人并不以在某个行业获得强有力的竞争地位为最终目标，而是把它作为一种实现超额回报的手段。

大学生创业是否能争取到风险投资基金，主要取决于项目的发展前景。风险投资商除了关心创业者的技术，也同样关注创业者本人的素质和新创企业的盈利模式。有这方面意向的大学生可以通过创业大赛、委托专门的风险投资公司、在网上或其他媒体发布寻资信息以寻找投资人。此外,还可以参加创业培训班,在老师的帮助下通过制订科学严谨可行性强的"创业计划书"来说服风险投资者。

二、创业融资不同阶段及特点

1. 种子、天使轮

顾名思义就是创业早期的公司,可能只是一个创意,还没有实际的走出去,就像一粒种子,此时浇浇水,种子就会长大。这个时候,投资机构一般会看创业者的背景、愿景。

2. A轮

其实A轮也是初创公司,很多有资历、有人脉的创业企业,通过创业者或创始团队完成了天使轮投资,真正向风险投资机构拿钱的时候就是A轮。A轮公司特征是已经有了产品原型,可以拿到市场上面对用户了,但基本还没有收入或者收入很小,类似的公司有小米、平安好医生等,都是有产品了才拿到了A轮,但公司还是不盈利;这个时候投资人虽然还看重创业者资历背景,但这时候也会看些市场前景,以及公司的愿景了。

3. B轮

这时候公司就相对成熟了,有比较清晰的盈利模式,但要是盈利其实还是比较少的,这时候VC机构更会看中你的商业模式、应用场景等,以及你的覆盖人群。

到了C轮及以后生存下去的几率会大很多了,但C轮以后一般都会看你的盈利能力了,如果公司的市场前景好,比如滴滴这样的公司,因为它的覆盖范围广、应用场景广泛、市场占有率高,所以它即使不盈利,也会有很多机构抢投。

投资于不同的阶段的项目,判断标准是不同的。不同阶段融资的特点,简单来说是:天使轮看人、看理想;A轮看产品,B轮看数据;C轮看收入,上市看利润。如果说天使轮的项目是10%卖过去90%卖未来,那么A轮的项目是20%卖过去80%卖未来,B轮的项目则是30%卖过去70%卖未来,C轮的项目是40%卖过去60%卖未来,显然,越到后期,越需要看到实际利益。

小资料:常见创投英文词科普

AI

天使投资(Angel Investment,AI),是权益资本投资的一种形式,是指富有的个人出资协助具有专门技术或独特概念的原创项目或小型初创企业,进行一次性的前期投资。它是风险投资的一种形式,在根据天使投资人的投资数量以及对被投资企业可能提供的综合资源进行投资。

VC

风险投资(Venture Capital,VC),在中国是一个约定俗成的具有特定内涵的概念,其实把它翻译成创业投资更为妥当。广义的风险投资泛指一切具有高风险、高潜在收益的投资;狭义的风险投资是指以高新技术为基础,生产与经营技术密集型产品的投资。根据美国全美风险投资协会的定义,风险投资是由职业金融家投入到新兴的、迅速发展的、具有巨大竞争潜力的企业中一种权益资本。

PE

第一节 选择合适的创业融资方式

私募股权投资（Private Equity，PE），在中国通常称为私募股权投资，从投资方式角度看，依国外相关研究机构定义，是指通过私募形式对私有企业，即非上市企业进行的权益性投资，在交易实施过程中附带考虑了将来的退出机制，即通过上市、并购或管理层回购等方式，出售持股获利。有少部分PE基金投资已上市公司的股权，另外在投资方式上有的PE投资如Mezzanine投资亦采取债权型投资方式。不过以上只占很少部分，私募股权投资仍可按上述定义。

IB

投资银行（Investment Banking，IB），它有一个我们常说的名字：投行。一般投行负责的都是帮助企业上市，从上市融资后获得的金钱中收取手续费（常见的是8%，但不是固定价格）一般被投行选定的企业，只要不发生什么意外，都是可以在未来一年内进行上市的。有些时候投行或许会投入一笔资金进去，但大多数时候主要还是以上市业务作为基础。

至于知名的企业，我说几个名字，想来大家就知道了。高盛，摩根斯坦利，过去的美林等。（当然，还有很多知名的银行诸如花旗银行，摩根大通，旗下都有着相当出色的投行业务）。

IPO

首次公开募股（Initial Public Offerings，IPO），是指一家企业或公司（股份有限公司）第一次将它的股份向公众出售（首次公开发行，指股份公司首次向社会公众公开招股的发行方式）。

Pre-IPO

pre是英文词的前缀，是指投资于企业上市之前，或预期企业可近期上市时，其退出方式一般为：企业上市后，从公开资本市场出售股票退出。

GP

普通合伙人（General Partner，GP），大多数时候，GP、LP是同时存在的。而且他们主要存在一些需要大额度资金投资的公司里，比如私募基金（PE，Private Equity），对冲基金（Hedge Fund），风险投资（Venture Capital）这些公司。你可以简单地理解为GP就是公司内部人员。换句话说，GP是那些进行投资决策以及公司内部管理的人。

举个例子：现在投资公司A共有GP1，GP2，GP3，GP4四个普通合伙人，他们共同拥有投资公司A的100%股份。因此投资公司A整体的盈利，分红亏损等都和他们直接相关。

LP

有限合伙人（Limited Partner，LP），我们可以简单地理解为出资人。很多时候，一个项目需要投资上千万乃至数个亿的资金（大多数投资公司，旗下都会有很多个不同的项目）。而投资公司的GP们并没有如此多的金钱，或者他们为了分摊风险，因此不愿意将那么多的公司资金投资在一个项目上面。而这个世界上总有些人，他们有很多很多的现金，却没有好的投资方法，放在银行吃利息在金融界可是个纯粹的亏钱行为。于是乎，LP就此诞生了。

LP会在经过一连串手续以后，把自己的钱交由GP去打理，而GP们则会将LP的钱拿去投资项目，从中获取利润，双方再对这个利润进行分成。这是现实生活中经典的"你（LP）出钱，我（GP）出力"的情况。

Incubator

孵化器，英文为 Incubator，本义指人工孵化禽蛋的专门设备。后来引入经济领域，指一个集中的空间，能够在企业创办初期举步维艰时，提供资金、管理等多种便利，旨在对高新技术成果、科技型企业和创业企业进行孵化，以推动合作和交流，使企业"做大"。

United Office

联合办公是一种为降低办公室租赁成本而进行共享办公空间的办公模式，来自不同公司的个人在联合办公空间中共同工作。在特别设计和安排的办公空间中共享办公环境，彼此独立完成各自项目。办公者可与其他团队分享信息、知识、技能、想法和拓宽社交圈子等。

Roadshow

路演源自英文单词 Roadshow，指在公共场所，演说、演示产品、理念，向他人推介自己的产品、公司、想法的一种方式。目前国内创业大潮兴起，一种专门针对初创团队的路演即 Demo Day 也逐渐为大家所知，初创团队在 Demo Day 上，演示自己的产品小样，像投资人、创业导师、普通大众等介绍自己的产品思路和理念。很多初创团队通过 Demo Day 成功获得种子或天使投资。

第二节 创业融资计划书

一、创业融资计划书的内容与结构

创业融资计划书是向少数特定投资人进行融资或其他目的而制作的文件。其实这就是一份说服投资者的证明书。投资者通过创业计划书认识了创业项目，除了创业计划书外，投资者往往需要融资者出具融资计划书，说明资金数量、资金用途、利润分配、退出方式等。在融资过程中，融资计划书就显得很重要。

编制融资计划书的内容包括：

(1) 企业介绍。企业简介，企业现状，现有股东实力，资信程度，董事会决议。

(2) 项目分析。项目的基本情况，项目来历，项目价值，项目可行性。

(3) 市场分析。市场容量，目标客户，竞争定位，市场预测。

(4) 管理团队。管理人员介绍，组织结构，管理优势。

(5) 财务计划。资金需求量，资金用途，财务报表。

(6) 融资方案的设计：

1) 融资方式。

2) 融资期限和价格。

3) 风险分析。

4) 退出机制。

(7) 摘要，即计划书摘要，写在计划书前面。

融资计划书的内容很多与创业计划书雷同，但是侧重点不一样，融资计划书要侧重项目可行性分析、团队实力、股本结构、资金数量、资金用途、利润分配和退出方式。

特别要强调的是需要预测资本的需求量，创业者需要明确资金用途，然后估算资本需求量，相对准确预计固定资本和运营资本的数量。创业融资计划是一个规划未来资金运作的计划，在计划中需要考虑长期利益和短期利益。

首先，需要估算启动资金，启动资金包括企业最基本的采购资金、运作资金等，是企业前期最基本的投资。

其次，预测营业收入、营业成本和利润。对于新创企业来说，预估营业收入是定制财务计划和财务报表的第一步。在市场调研的基础上，估计每年的营业收入。然后估算营业成本、营业费用、管理费用等。收入和成本都估算出来了，就可以估算出税前利润、税后利润、净利润。

最后，编制预计的财务报表。预计利润表可以预计企业内部融资的数额，另外可以让投资者看到企业利润情况。预计资产负债表反映了企业需要外部融资的数额。预计现金流量表反映了流动资金运转情况，新创企业往往会遇到资金短缺或资金链断裂的问题。预计现金流量表就显得十分重要，但是影响预计现金流量的不确定因素太多，很难准确预计现金流，创业工作计划就是对即将开展的工作的设想和安排，如提出任务、制定指标、完成时间、解决方案和步骤方法等。

二、创业融资计划书的写作方法

摘要列在创业融资计划书的最前面，它是浓缩了的创业融资计划书的精华。创业融资计划书摘要涵盖了计划的要点，以求一目了然，以便读者能在最短的时间内评审计划并做出判断。创业融资计划书摘要一般要有包括以下内容：公司介绍；主要产品和业务范围；市场概貌；营销策略；销售计划；生产管理计划；管理者及其组织；财务计划；资金需求状况等。

创业融资计划书最忌讳的就是通篇讲产业、讲概念，不务实、不落地。创业融资计划书应该告诉投资人的是你的市场选在哪、你的机会在哪。如果你做的是电商，要说是垂直电商、哪一类垂直电商。创业融资计划书最重要的是给投资人讲清楚市场是什么样的，有几家在做，行业和市场的细节是什么情况。

创业融资计划书撰写是需要创业者对创业项目的详细认识和优秀的文笔，因此，创业融资计划书对于创业者来说是一个巨大的考验。创业者可以采用各种假设，预计最乐观和最悲观的情况。

第三节 创业融资项目路演

一、创业融资项目路演的内涵与功能

1. 创业融资项目路演的内涵

创业融资项目路演，是企业或创业代表在台上向投资方讲解项目属性、发展计划和融

资计划,是项目方就创业项目运作与投资人进行有效沟通的互动过程。

2. 创业融资项目路演的功能

创业融资项目路演具有以下几种功能:

(1) 能够实现创业项目与投资人的零距离直面对话、平等交流。路演就是可以让创业者可以通过自己的精辟讲解和投资人之间的交流,快速对接自己的项目,减少融资之路上的弯路;同时让投资人在安静的环境里,在创业者声情并茂的展示下,真正了解创业项目,从而做出更为准确的判断。

(2) 能够促进创业项目与投资人的充分沟通、专业切磋和加深了解。特别对于一些技术性强的项目,更能减少出现投资人看不懂和不理解项目的弊端。

(3) 可以同时让多个投资人很认真的倾听创业项目的讲解和说明,最终推动融资进程。通常情况下,投资人每天看到的计划书和接触的项目很多,甚至有的投资人一天阅读上百份项目计划书,所以筛选项目往往只能凭借一些市场份额、盈利水平等硬性指标,很难了解项目的精彩之处,很多优质的企业都是因此而与投资擦肩而过。

二、创业融资项目路演的类型与模式

从形式上,创业融资项目路演一般分为线下和线上两种类型:

第一种类型是传统的线下类型,目前主要表现为四种模式:

(1) 精准度、私密度最高的一对一模式。从投递融资计划书,到被投资机构代表约谈,至投资人受邀参观企业深度沟通,到投资机构邀约创业者至投资办公室拷问,以一对一、私密性、节奏强为代表,如果是优质项目,更是会高效率地促成项目的合作。

(2) 精准度、私密度较高的私人董事会模式。私人董事会,简称为私董会,也被称为总裁私董会、总裁私享会,是一种新兴的企业家学习、交流与社交模式,其完美地把高管教练、行动学习和深度社交融合起来,核心在于汇集跨行业的企业家群体智慧,解决企业经营管理中的比较复杂而又现实的难题。一般由咨询管理机构发起,由资深教练负责运营。其特点在于私密性,只有少数非竞争性行业的企业家参加,且运作保密。

私董会这一组织形态诞生于 1957 年,由美国威斯康星州企业家罗伯特·诺斯(Robert Nourse)与其他 4 位 CEO 定期的圆桌讨论演变而来。后来,该组织独立发展为 CEO 发展机构——伟事达(VISTAGE)。如今,伟事达私董会分支机构已拓展到十几个国家,会员数达 1.7 万人左右。在中国大陆,私董会于 2013 年流行,如北京的"五五私人董事会"、上海的"外滩私人董事会"、广州的"诺金私人董事会"、成都的"天府私人董事会"等,"私人董事会"也已经成为继 EMBA、富豪俱乐部之后的第三种企业经营者沟通交流的平台。

在投融资项目对接方面,一些偏好一致的投资机构,会把一些经过精挑细选的项目组织起来,类似于私董会一般,结合不同的基金投向侧重点,由合伙人、投资总监级发问,从业务进展、市场开拓方式、成本结构、资本结构到配偶是否支持创业,不一而同。当然,效果也是非常明显的,一般有机会上会的案子,质量都非常的高,被投的概率非常大。但是,这种模式类似一个圈子,非圈内浸淫多年的投资人和创业者不得而入。而这种形式也往往以桥牌俱乐部、高尔夫俱乐部、户外俱乐部、投资俱乐部的形式呈现,私密而高端。

（3）由政府部门、知名机构或平台线下组织的项目路演会或专场路演会。随着各地招商热情一路高涨和孵化器的密集涌现，由当地政府或科技部门、当地机构也会定期组织一系列的项目路演。相较而言，有机构背景或机构托管运营的孵化器承办的路演更有机会，因为相关项目经过了选拔，一般质量较高。同时，组织者在路演准备、路演形式方面大多也会做一些辅导，所以创业者在演示项目过程中比较专业，创投双方对接比较容易、减少了很多沟通成本。

（4）带有大赛和推广性质的创业大赛或创业 TV 秀模式。因为组织的目的不同，所以参会的企业或项目往往目标多元：有的求名次，求奖金或奖励；有的求名声，求免费的品牌传播；有的求资金，求遇到对路的资金方。这种路演也会历经海选和优选环节，所以登台的项目普遍质量较高，到登台亮相时基本都有机构锁定了，创投双方都有极大的收获。在这种平台上，对创业者而言，名利双收。

另一种类型是结合技术和信息手段升级的线上路演。

随着视频技术和移动互联网的应用，近年来许多项目路演也搬到了线上，如之前的 QQ 群、YY 群、电话会议、远程视频路演，以至现在的微信群路演。商业计划书都会提前发布和观看，在互动时候的语音根本不给创业者以组织、修饰的时间，而通过这种直接的对撞，类似于头脑风暴般，使投资人判断出是否跟进这个项目。

这种线上路演也有一对一的模式，比如领路、聚份子，有些还打通了线上线下环节的时间拍卖、中国投资人中心等，都可以有机会借助这些知识和问答平台来约见投资人，畅聊项目和答疑解惑。

三、创业融资演讲常见技巧[1]

1. 从投资人角度回答问题

了解听众是有效沟通的关键。创业公司有几种不同的听众：消费者、合伙人、应聘者和投资人等。对不同群体所讲的内容有很多重合，但是在融资会议上，你一定要站在投资人的角度上，回答好这个问题：这家公司将来有可能大幅增值吗？创业失败率很高，风投失败率也随之上升，投资失败时有发生，经常还会血本无归。因此，风投对于成功项目预期是获得 10 倍以上的收益，弥补失败的项目和资金失去流动性所造成的损失。但是投资人无法确定究竟哪笔投资会赚钱，所以他们对于每一笔投资，都期望能够在未来几年得到数倍的收益。

那么，在大多数投资人看来，什么样的公司才有增长 10 倍的可能呢？

首先，广阔的市场。没有哪个公司可以大过市场总量，所以投资者会选择能带来高额回报的市场，可能会是你培育出来的新领域，也可能是已经成形的市场。

其次，有机会取胜的团队。你的团队必须在激烈的竞争中争取胜利，表现出良好的执行力和协作精神，团队中各方面人才优势互补，有决心把业务做大做强。

最后，符合发展的潮流。几乎所有发展壮大的创业公司都赶上了某一阵大的科技浪

---

[1] 编译自 Medium，作者 Michael Wolfe，资料来源：http://36kr.com/p/217665.html。

潮：云、移动、社交和平板等。你需要清晰地解释出为什么现在是你业务发展的黄金时期。

第四，能够获取用户或消费者。实现盈利，快速扩张。

第五，持久的竞争力、差异化。规模较大的市场都会吸引诸多竞争者进入，给创业者带来价格上的压力。创业公司需要明确自身长远发展的竞争力，形成竞争壁垒，比别人执行力更强。

上面这些要素是投资者所关注的，如果要获得投资人的青睐，就必须和投资者保持一致。

2. 讲述一个有美好愿景的故事

给投资人讲好故事，就是要向投资人介绍好自己的业务，而这一切的前提，就是真正了解你的业务。基本可以概括为以下几个步骤：

（1）概况。简明扼要地告诉投资人你的公司在做什么，处于什么样的阶段，打算融资多少钱。不要涉及过多细节，把细节留到后面说；但是给出的信息也不能太少，不要让投资人前半段听得云里雾里，不知道你们公司办起来没有，产品发布了没有，创始人之外还有没有其他员工这类问题。你可以用简短的句子概括公司的业务和现状，也消除投资人的困惑。

【示例】××公司创立于2012年，目前有6名员工，2013年获得50万元种子轮融资。A轮需要融资500万元，将用于扩展新市场。

这样的信息可以让投资人短时间内了解你们在做什么，明确对这次会议该有什么预期。

（2）讲述你解决的问题，以及遇到该问题的人群。创始人们往往急于介绍自己的技术，而忽略了你们所解决的问题。告诉投资人你们解决了一个新问题，还是给老问题提供了新的、突破性的解决方法。

聊一聊消费者现在面临这些问题时怎么办的，你在哪些方面做得更好，你为消费者带来哪些实际的好处，触及到消费者的什么痛点。你可以通过消费者的故事或图片来吸引投资人的注意力。

（3）你的解决方案。强调一下你的产品，谈谈你的核心能力，展现出消费者对于你的产品有着多么迫切的需求（可以把你的产品比作雪中送炭的"止疼片"，而不是锦上添花的"维生素"）。你可以做现场演示，如果时间不够就展示几张图片。给一个测试账户，让投资人快速体验一下你们的应用。

在解决方案中，你应该说明公司产品的优势，它能为消费者带来什么？是能节约时间还是节约金钱？能帮顾客带来新收入吗？不要只讲产品的功能，聊聊什么样的因素会促使消费者选用你的产品。

（4）通过消费者佐证。列举一些证据，说明你所抓住的是真正的机会，你的团队能够胜任。给投资人展现一些业务数据（用户量、收入、订单等），做一些案例展示，引用顾客的评价，解释你们的服务为他们创造了什么价值。可以在现场给用户打电话，询问他们对产品的看法，实际上很多投资者也会要求这么做。

（5）市场。你的公司不可能大过市场总规模，你需要论证市场总量够大，或者将来会

第三节 创业融资项目路演

大幅增长。如果你进入的是一个已经存在的市场，就可以找到现成的数据说明市场规模及其发展速度。比如 AirBnB 可以用酒店业的数据，Uber 可以用运输业的数据来支持他们对于市场规模的估计。此外，你还需要说清楚会有多少消费者愿意购买你的解决方案，你能从每个消费者身上挣到多少钱。

（6）竞争环境。每一个充满机遇的市场竞争都非常激烈，这其中既有传统厂商也有创业公司，消费者有许多选择。你可以说说现在有哪些竞争者，谁可能会进入市场，你将如何实现差异化。注意，在讲差异化时要着重于战略层面，不要陷入细枝末节的对比。你可以使用十字坐标轴来表现你和竞争者的位置对比。

（7）商业模式。在这一部分，你要说说你的收入模式、定价策略、如何吸引和转化消费者，包括以下几部分：到现在为止，你们已有多少用户，如果进一步增加用户数？消费者通过哪些渠道了解到你的产品，每种渠道获取消费者的成本是多少？你如何转化客户，转化率是多少？你的销售计划是什么，市场营销怎么做？很多创始人对这方面不够重视，总在解决方案部分说太多。但是投资人知道，没有用户是绝大多数创业公司失败的原因，所以最好在这部分多花点时间说明一下。

（8）团队。介绍一下团队中有哪些人，都是什么背景，能力方面如何互补。你可以在会议开始时先介绍一下在场的团队成员，后半段再介绍其他成员。

（9）融资计划。你需要回答为什么融资，公司未来几年将如何发展。谈谈未来一两年发展的里程碑（产品、收入、新市场等）。你计划用本轮融资走多远，需要招聘哪些人，有哪些财务指标表明接下来两年将继续保持增长，你对于每月用户增长数量的预期是多少。最后说一下你计划融资多少钱，你是否已向其他公司做出什么承诺，你计划在多长时间内完成本轮融资。

3. 演讲者注意事项

（1）精心准备现场演示文档。相比于你的现场演示，投资人肯定更关心实际业务。但是，你呈现给投资人、消费者以及应聘者的内容必须能够很好地代表你的公司。如果他们发现最重要的文档都被你搞得一团糟，肯定会怀疑你是不是不用心。网上有许多优秀的案例可以参考，也有很多免费或者价格便宜的优质模板可以下载。把幻灯片做得好看些。

（2）不要太浓缩，也不要太啰嗦。你可能曾听过有人建议把融资展示的幻灯片控制在 10~15 页，但一定不要因此就把过多的文字或内容挤在一张幻灯片里。你需要突出要点，通过其他方式介绍更多的细节，比如你可以给投资人留下一份完整版的幻灯片。

（3）不要只讲产品。产品非常重要，但是你的公司不是个工程师团队。不要只说你们开发的软件或者你们融资后要怎么开发软件。要关注你们为什么开发这款软件（广大的市场，消费者显而易见的需求等），让产品展现出你们团队真正的实力。

（4）不要忽略获取用户的途径。很多创始人都会将注意力更多地放在产品上，而对于如何获取用户关注不够。好的投资人会进一步问你如何吸引顾客，如何盈利，采取何种销售和营销策略。主动说明这些问题，不要等他们问起来。

（5）了解你所处的竞争环境。不要只说自己比主要竞争对手强在哪里，要了解整个竞争环境。如果投资者 Google 搜索出来的几个竞争者你都没听说过，只能说明你对于市场了解太少。

101

第八章 创业融资

（6）把你所处的市场定位成"大势所趋"。你应该对于市场充满信心，让投资者相信即使不投你的公司，这个行业依然值得投资。最好的市场往往都是技术进步的产物，也是经济发展的必然趋势。你需要说明市场前景的广阔，以及为什么这个领域会诞生一家大公司。

（7）态度不卑不亢。不要显得傲慢，但也要坚定一点：不管某个投资人投不投你的公司，你都会坚持走下去。很多创始人的状态就好像是在请求投资人准许你创办公司，而不是为公司选合伙人，你是在邀请他们加入你的公司。不要把你的计划描述成"只要有了钱就能做"。对于投资人现场给你们的各种建议，不要立刻回应，你可以说你会仔细考虑这个建议。

拓展阅读

创业者如何融资？

金鑫（学大教育CEO）

编者按：本文是学大教育CEO金鑫在"2013黑马大赛教育行业师徒选拔赛"上的主题演讲，对创业者思考创业机会和开展创业融资实践很有帮助。

我的演讲分三部分：第一，回顾一下过去十年教育行业融资概况；第二，对一些不太成功的融资案例做一些分析；第三，把一些经验告诉创业者，找融资需要注意哪些方面。

上篇·教育培训行业融资阶段

2000—2006年

2006年新东方上市是整个教育行业的分水岭，它给整个教育行业带来了很大变化。2006年之前的主角是互联网教育平台和IT培训，尤其是北大青鸟、达内和华育国际，它们刚好赶上了2000年IT培训发展高潮。

当时，在线教育的业务相对比较传统，主要是跟一些大学合作发继续教育学历，比如弘成教育（中华学习网），它其实不算严格意义上的在线教育，只是通过网络授课。弘成教育的模式还是属于资源依赖型，并不是纯粹的在线教育。此外，精品学习网这个项目也不是很成功，它的定位是平台，但自己买流量的成本比较高，后来经历过转型，现在内部做了合并。而做在线招生平台的飞龙网也不是很成功，这很大程度上是受商业模式和教育行业发展阶段的影响。

而ATA公司把一些职业考试，用计算机的形式实现统一管理，当然这也是必须要跟政府以及行业协会等合作。ATA首先有资源优势，再加上技术优势，便形成了自己的商业模式，2008年初它在纳斯达克上市。

这批企业的特点是有资源优势和技术优势，但规模都不太大，营收规模最多也只有2亿~3亿元人民币规模，市值比较小的，成长相对比较慢，这可能源于他们比较依赖资源支持。像ATA公司拿下一个新的考试项目，业绩能上涨20%~30%，但这要经过运作和招标等很多环节。并且随着经济形势的变化，ATA公司也会面临很大

第三节 创业融资项目路演

波动,比如当遇到股票危机,很少有人想去证券公司工作,这就意味着证券从业资格考试的人数下降,这也会影响其业绩。

北大青鸟是这批企业里面最可惜的,当时在整个教育培训行业里它都非常领先。2008年,北大青鸟本有机会上市,并且已经完成了路演,而当时创始人因为股票定价比较低就撤销了IPO申请。后来形势就更急转直下了,这一方面是源于IT培训的大衰退,另一方面则是因为资本市场窗口期关闭,而北大青鸟现在已经江河日下了。但青鸟体系确实出了不少人才,比如瑞思的创始人夏雨峰。

2006—2010年

2006年新东方上市之后,投资人将视角转向到了包括语言及K12在内的教育培训行业。新东方上市的第二天,环球雅思就拿到了软银赛富的投资,此后新航道也完成了融资。

2007年出现了扎堆融资现象,9月巨人完成融资,接下来学大和华育也完成了融资,而安博也完成了几次大的融资。VC在这一轮投资基本在两三年以后都有了收获,出现了像环球雅思、正保远程、学而思和学大这样的上市公司。但是,其中也有一些不成功的案例。

2010年至今

2010年至今,小额度投资一直在不断地发生,主要分布在素质类教育、早教项目、少儿英语项目和围棋项目等领域。龙文在2011年宣布获得4.5亿元人民币的投资是比较大的一笔,更大规模的投资就不太多了,因为上一轮的投资已经结束了,K12和语言培训的格局已经定局,出现黑马的几率基本不存在了。

而VC开始转向有特色的在线领域,因为这些领域的创业者有机会被大公司收购,比如有些投资人在投资一个项目前就先跟我打招呼说,以后要把该项目卖给我。在线教育领域未来可能会成长出一个或一批新的明星企业。

目前,在线教育领域并没有出现让人眼前一亮或者商业模式特别颠覆的企业。但为什么仍会涌现这么多投资案例?这主要是因为资本想要卡位,就像前几年的团购行业一样,那时拿到融资的企业也很多,但最后生存下来的并不多。当然,这里面也许可能会成就几家企业,比如传课网、多贝网、沪江网和猿题库这几个投资案例就比较典型。

现在从零开始的创业者一定要判断未来几年趋势和方向是什么,如果你现在做培训,尤其是课外辅导,已经没有获得融资的可能性,很多VC已经不看K12项目。除非你只是想做一个生意或者舒舒服服过日子,而不是想做一个全国性品牌,你仍然可以做课外辅导项目,毕竟这也是一种出路:不上市,收入稳定,时间和财务也相对自由。

中篇·不太成功融资案例分析

接下来看两个案例:一个是融资案例,一个是上市案例,最后结果都不太好。华育国际是从北大青鸟加盟商独立出来的,因为觉得市场很好不甘心只是加盟商,便成立自己的品牌来做。华育是2007年拿到软银2000万元人民币融资,之后马上扩张,但到了2010年就传来了各地学校纷纷倒闭和撤销的消息，到现在据说只剩下三所分校了，如果从当初的梦想和目标来看，这个企业已经没有了。

我们从这个案例能学到什么东西呢？第一个是大势，其实2007年拿到融资是个非常好的时间点，但是创业者要去判断这个行业未来的趋势，当时整个IT行业已经往下走了。那时惠普和IBM这样的IT企业最风光，但现在已经不是大家眼中值得仰慕的对象了，这就是十年间发生的变化，IT培训企业就要判断出来这个趋势，比如招生越来越难。在这个原因之下，管理也就容易出问题，如果你的管理和团队再跟不上，扩张越快也就意味着死得越快。如果你判断不对大势，还去拿钱大肆扩张、开店和招人，学生就招不上来，也意味着企业支出比收入多，你一定有资金消耗光的那一天，到最后不得纷纷关店和收缩，到现在就很难再起来了。我觉得这是一个非常明显的对趋势判断错误的案例。

下面说说上市案例安博。我们都觉得安博这家公司非常有特点的，它之前是没有业务的，所有业务都是买进来的。安博最早是一家提供软件技术开发，跟教育部合作提供一些技术服务的企业。不得不承认，安博的资本运作能力和融资能力是教育行业最强的，没有人比过安博，在上市前它已经差不多融了1.7亿美元，而且都是大基金的投入。它的并购能力也是最强的，在短短两三年时间花了十几个亿并购了23家学校和教育机构，很短的时间内。从这个过程来看，安博很成功，也很风光，商业模式也很独特，它不像学大、新东方和学而思这样靠自己开店和经营，而完全是买过来的，无论是实体学校还是培训学校，还是K12，还是一对一都买，买回来以后就形成了个很大规模的盘子。

我觉得安博资本运作的非常成功，也具有很独特的经营商业模式。但很多投资者都和我说觉得，自己看不懂这家公司，其实我也看不懂。我们太传统了，十几年如一日地特别辛苦在那干，而安博的发展好像不太符合一家企业正常的经营发展规律。去年安博的麻烦事就一而再再而三的发生，股价也从10元钱跌倒不到1元钱，现在整个公司已经被法院委交给毕马威托管，在做资产重新打包清算。

一家企业到这样的地步是挺可悲的事情，最重要的还是那句话，我们要做符合规律的事情，尤其教育是个非常传统的生意，非常慢的功夫，不是想那么容易地被打破规律一下做得很大。这并不是说不能并购和整合，而是我们一定要有这样的并购和整合能力。学大到现在也只是并购了一家很小的企业，投资了一家企业，因为我们没有那么强的并购整合能力，所以比较谨慎。

其实，成功的教育行业并购案例并不多，新东方收购的名师堂也卖回去了。但培生做得还不错，并购了戴尔英语、华尔街英语和环球雅思，而且都是很大的手笔。培生是百年企业，并购整合能力还是很强，而中国的企业时间还太短，人才和体系各方面挺欠缺的。所以，中国教育企业想走到国际上，想成为具有国际影响力的企业，就一定要在短时间内补上这一课。

下篇·找融资需要注意哪些方面

作为一个教育企业应该怎么去融资？怎么才能吸引到投资？

中国教育市场容量非常大，因为人口比任何一个国家都大，随便做一个领域都是好几百亿的市场。此外，教育也是国计民生的消费领域，每个家庭对教育上的投入都是不遗余力的。我身边很多有住房的朋友为了孩子上学宁愿去中关村租房子，生活方式也就完全跟以前是天翻地覆的变化。而随着国民收入水平不断提高，对教育的投入越来越增长，因为大家都意识到好的教育确实能奠定一个人的发展基础，尤其在K12（注：从幼儿园到十二年级）阶段。

一、VC关注的三个问题

资本市场对教育是很了解的，学大去华尔街IPO路演的时候，我们前三页本来要讲K12行业，很多外国听众说不用讲了，因为他们都非常懂。而关键就要看创业者的项目在市场里处于什么样的地位和潜力，VC通常有以下三个衡量标准。

1. 市场空间和潜力

创业者不能说自己涵盖了全中国的教育，因为你只能在一个领域里深耕细作。此外，创业者还要看这个市场的潜力有多大，比如2000年左右，IT培训是热潮，彼时你要做高端幼儿园可能就没有市场。又比如学大面向的是中国两亿的中小学生，那么这个市场就很大，假使你的项目是面向有学习障碍的孩子，那市场就非常小，除了公益基金也没人会投资你。

所以，定位很重要，创业者要考虑你的项目覆盖了多少人群以及他们的需求是不是刚性的。

2. 商业模式

一个创业者选择市场可能不错，但与其他竞争对手相比，又会有什么优势和独特的地方？这个问题非常重要，当时学大之所以会异军突起就是因为做个性化的一对一服务，当时市场上是没有这种模式。此外，瑞思学科英语牛就牛在创造了小学学科英语新品类，因为之前都是学习的新概念英语和剑桥考级英语。

所以，当创业者准备创业的时候，一定要考虑清楚有没有运作商业模式创新，创新可不可持续，怎么能在竞争激烈的市场做大。

3. 团队

当一个创业者选择好了商业模式的时候，有没有能力去支撑它，而当企业规模扩大以后还能否驾驭得了。对VC来说，这个问题是最难的，因为对人的判断是非常难的。所以，现在资本很喜欢有成功经验的人，比如季琦、周鸿祎、李学凌和古永锵，因为他们之前已经成功做了一家公司，只要出来创业就能拿到投资。但草根创业找资本就非常难了，门儿都见不着，VC都没有耐心听讲。

学大也是草根创业出来的，2006年就开始找投资，因为我们是互联网出身，知道一个企业更好的发展要靠资本。但时机不好，学大名气比较小，商业模式也不成熟。当时我们在上海见投资人，对方就说从来没听说过学大，还说等到上海所有家长都知道学大的时候再投资我们。我就想，到那时候我还要你的投资干什么？不过提前去接触VC也有一个好处，等到你所处的行业爆发时，你就会在他的视野里。

第八章 创业融资

你非常难对一个团队下判断,因为非常不起眼的人最后可能很成功,而看上去各方面很优秀的人却会失败。比如学大的投资人鼎晖所投的一个教育项目失败了,该项目有两个创始人:一个是斯坦福大学的毕业生,一个是新东方出来的高管。这两个人肯定都挺优秀的,但这个项目最后却没成功,中间的问题很难用一两句话讲清楚,这包括创始人的格局和性格等等因素。

总体来讲,一个创业者需要有证明自己的能力和经验,这样才容易拿到钱。

二、创业者如何融资

当一个创业者想清楚了前面三个问题,那怎么去找融资?

1. 选定目标

投资偏好。不要广撒网找投资人,因为不同的基金是有不同投资偏好,有的基金比较喜欢教育行业,有的基金则比较喜欢传统行业。

投资额度。有的基金不投太小的项目,比如1000万美元以下的不投,因为自己钱太多了,如果项目太小太多的话,他是管不过来。所以,你找融资一两千万元去找太平洋和KKR没用,而是去找像华创和真格这样的基金,因为他们的额度很灵活。

投资风格。这大概分为激进型、保守型和甩手掌柜型。如果你只想要资金的话,就找甩手掌柜型,像徐小平。此外,有些基金会在一个领域投资两家公司,因为他想避免把鸡蛋放在同一个篮子的风险,创业者要对这样的基金避而远之。对基金来讲,这种做法是一种风险保护,因为他会考虑制衡,但对创业者来讲未必是件好事,因为你的计划和战略也许就会被竞争对手所掌握。

2. 制定策略

朋友推荐。我觉得把商业计划书发给投资人的做法很天真,有的创业者喜欢在微博上给投资人发私信,这也没用。你最好是进到这个圈子,然后想办法找朋友推荐,至少要有人帮你介绍。

融资顾问。请企业融资的顾问,他有很多基金渠道,能帮你找到最适合的基金,还会帮你包装,包括商业模式上的优化和财务模型的设计。当然这种做法是有成本的,融资顾问所要的酬劳一般要占融资额的3%~5%。

天使先行。创业者应该找一个有影响力的企业家成为自己的天使投资人,首先这是一种背书,另一方面,他会通过自己的人脉和关系帮你推荐给下一轮基金。

三、投资者分类

战略投资者。该类投资者不会要求有严格的财务回报时间限制,也会给你提供业务上的支持。缺点是他会有业务布局的考虑,可能就会对企业经营上主导的比较多,你要按照他的方向去做。战略投资者可能要求控股,至少20%以上的股份比例。他要主导这个企业的经营,一旦你的业务跟他的想法有冲突,他可能就会制止。

财务投资者。相对于战略投资者而言,财务投资者是以获利为目的的,通过投资行为取得经济上的回报,在适当的时候进行套现。财务投资者更注重短期的获利,对

> 企业的长期发展则不怎么关心。财务投资者更多的是指VC/PE。他们主要是为了财务回报，投了几年后要求翻多少倍，他一般对企业干预的比较少，平常不怎么管理，但你可以找他帮忙。他常常会有时间要求，几年不上市，你就要回购他的股份。或者你要上不了市，有个拖带权条款，他要卖的话你要跟着我卖。这就是VC的风险和回报考虑，但其实是没有用的，因为一旦上不了市，说明这个企业也已经不怎么样了。所以，我认为包括对赌协议这些在内的条款都是没什么用的，因为真到那一天，大家都输了。
>
> （资料来源：http://www.iheima.com/news/2013/0914/50435.shtml，个别地方有删改）

【实训任务】

实训项目：创业融资讨论实训。

实训目的：了解创业融资的常见方式；了解创业企业不同发展时期的融资特点及工作策略；把握投资人的心理，懂得与投资人进行创业融资工作交流。

实训步骤：

1. 阅读如下项目材料

兰迪·怀斯从小就有一个梦想：要制作一种鸡用的隐形眼镜，以此来提高鸡蛋的产量，提高养鸡场的经济效益。这个念头形成于19世纪60年代，那时他的父亲曾经是一位养鸡场的场主。他发现，鸡在一起养殖时，经常有自相残杀的事件发生。为了减少鸡们自相残杀，他幻想可以生产一种红色的专门给鸡佩戴的隐形眼镜，可以使鸡的视力受到影响，从而减少这种影响鸡场效益的行为。19世纪70年代初，兰迪·怀斯在哈佛商学院深造期间，曾写过一篇颇受欢迎的案例分析。他讲述了父亲事业失败的经历，并且设想了一家新的公司，他不仅研究了鸡蛋生产业的经营状况，还考察了新兴鸡用隐形眼镜的可行性。当他从商学院毕业以后，兰迪·怀斯就希望自己可以建立这个公司，但是没有投资者给他投资。他认为："投资者并不关心鸡蛋的生产情况。"15年后，当他在银行有了一定存款之后，又一次充满热情地开始了自己的事业。兰迪·怀斯认为塑模技术已经大大提高，而且蛋农们对于新鲜事物的抵触也比以前有所减轻，他说："现在最大的危险可能是过于自信，我们一定可以让人们接受我们的产品。"当然，只有当产品卖出去以后，人们才可以确信这一点。而事实是，蛋农们考虑：谁来给鸡佩戴这个隐形眼镜呢？这个产品并没有让怀斯的公司门庭若市，蛋农们认为这个故事太动听，以至于叫人难以置信。因为，如果是一个70万只鸡的鸡场，光给鸡佩戴眼镜这一项工作，就要花费多少时间和人工？戴好以后怎么保证鸡们不乱动，而眼镜的位置准确无误呢？

2. 讨论问题

（1）假如你是兰迪·怀斯，"鸡用隐形眼镜"项目会采用什么方式融资？为什么？

（2）假如你是投资人，会给这个项目投资吗？为什么？

（3）一个企业要想使自己的经济效益好，就必须生产出受消费者欢迎的产品。你是怎么理解这句话和好项目的标准的？

（4）如何修改鸡用眼镜的设计方案，才可以使该项目运作成功？试列出改进的三个创新方案。

3. 各组进行讨论和总结，交流相关成果。

实训要求：

（1）本实训在课堂上进行，以小组形式讨论。

（2）每小组交流讨论成果。

（3）提交小组讨论整理稿。

创业实施阶段

第九章 创办新企业

【经典语录】

　　我现在知道一个企业都是从小长到大的,别着急,而且创业大概有一年半到两年是瓶颈期,特别难,然后突破瓶颈组织成长、组织膨胀、业务膨胀,然后陷入经济危机,这时迅速调整,调整过来就好了,调整不过来就死掉。所以我清楚,头两年要克服瓶颈,之后要控制组织,有了这样一套东西以后,我们心平气和了,知道一个企业要做大要有很多年的时间。

——万通控股董事长　冯仑

【学习目标和实训要求】

　　学习目标:了解创办企业的基本流程及初期管理的要素。
　　实训要求:掌握创办企业的三个基本技巧。

【重点与难点】

　　重点:掌握创办新企业的基本技巧。
　　难点:学以致用,对现实生活中遇到的问题进行创办新企业的训练。

【本章知识结构】

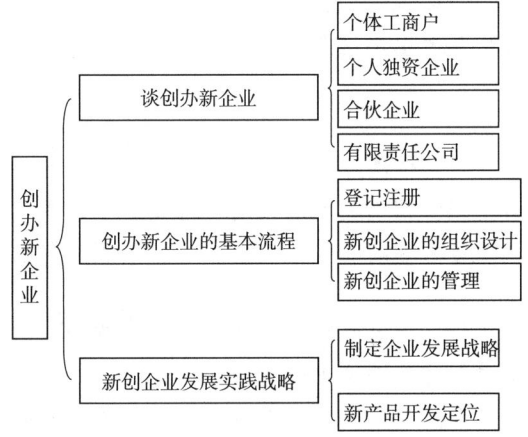

【案例引入】

导读案例——心理咨询师的青涩创业

　　张同学,1984年出生于湖南株洲市,2006年毕业于湖南某大学应用心理学专业,随后在某重点中学从事中学生心理健康教学和咨询工作。2009—2012年脱产攻读心理学硕士学位。在 2005—2012 年，张同学分别考取心理咨询师（二级），国家高级职业指导师及人力资源管理师等执业资格证书。张同学在 2012 年临近硕士毕业时，萌发了自主创业的想法，并得到了家人和朋友的支持。在筹集了必要的资金后，张同学与另外三位拥有国家二级心理咨询师执业资格的朋友一起开始了创业之旅。

张同学等人在详细考察长沙市心理咨询领域的业界状况后，决定成立一家以心理咨询为主营业务的咨询公司。2012 年 6 月，经过考察，在岳麓区金星路某四星级酒店租下一套建筑面积 50 平方米、使用面积 41 平方米的公寓作为办公场所，年租金 24000 元，押金 6000 元。2012 年 9 月。注册成立了长沙红太阳心理咨询有限公司，注册资金 10 万元，张同学出资 5.2 万元，其他三位朋友分别出资 1.6 万元。

公司成立后，业务发展不顺利，2013 年 9 月，公司因连续亏损，不得不办理了企业注销手续。张同学创业以失败告终，还因此欠下了近 5 万元债务。

思考：张同学在成立咨询公司时候，对目标市场的分析考察是否正确？公司的登记注册的各项指标考量是否有需要改善的地方？

第一节 谈创办新企业

创办新企业，是一个企业从无到有、从小到大、从弱到强的过程。新企业应符合国家的相关法律规定，依法办理企业登记注册，以取得法人资格或营业资格。

在市场经济条件下，企业是法律上和经济上独立的经济实体。任何一个企业都要依法建立。投资人在创建业时，面临企业的法律形式选择问题。一般情况下，创业者新创办的企业一般都是小型企业，从工商部门的统计数据来看，个体工商户、个人独资企业、合伙企业、有限责任公司4种法律形式是当前新企业最常见的企业法律形式。对大学生创业，登记注册的企业法律形式基本上也是这四种。

一、个体工商户

公民在法律允许的范围内，依法经核准登记，从事工商业活动的为个体工商户。个体工商户的字号名称在申请登记管辖机关范围内同一行业中不得重名。个体工商户的字号名称一般应体现所属行业，字号名称前冠以区县地点，直接冠市名的须经市级工商行政管理部门核准后方可使用。

个体工商户可以个人经营，也可以家庭经营。个人经营的，以个人全部财产承担民事责任；家庭经营的，以家庭全部财产承担民事责任。除以上形式外，个体工商户也可以以个人合作形式经营，即由两个以上公民自愿组成，共同出资，共同劳动经营，但从业人数不得超过 8 人。

二、个人独资企业

个人独资企业是指依照《中华人民共和国个人独资企业法》，在中国境内设立，由一个自然人投资，财产为投资人个人所有，投资人以其个人财产对企业债务承担无限责任的经营实体。

第一节 谈创办新企业

在组织结构形式上，个人独资企业是由个人创办的独资企业，其投资者是一个自然人，国家机关、国家授权投资机构或国家授权的部门、企业、事业单位等都不能作为个人独资企业的设立人。在责任形态上，投资者个人以其个人财产对企业债务承担无限责任，投资人若以家庭共同财产作为个人投资的，以家庭共有财产对企业债务承担无限责任，这是个人独资企业区别于有限责任公司和股份有限公司等企业形式的基本特征。从性质上看，个人独资企业是非法人企业，个人独资企业没有独立的资产，企业的财产就是投资人的财产，企业的责任就是投资人的责任。因此，个人独资企业无独立承担民事责任的能力。个人独资企业虽然不具备法人资格，但是独立民事的主体，能够以自己从事民事活动。

三、合伙企业

合伙企业是指依照《中华人民共和国合伙企业法》在中国境内设立的，由各合伙人订立合伙协议，共同出资、合伙经营、共享收益、共担风险，并对合伙企业债务承担无限连带责任的营利性组织。

合伙企业的设立通常有两个以上的合伙人，并且都是依法承担无限责任者，人数上限没有限定；合伙人只能是自然人，不能是法人；有书面合伙协议。合伙协议应当载明的事项有：合伙企业的名称和主要经营场所的地点；合伙目的及合伙企业的经营范围；合伙人的姓名及其住所；合伙人出资的方式、数额和缴付出资的期限；合伙企业的解散与清算；违约责任；有各合伙人实际缴付的出资。合伙人必须合伙参与经营活动，从事具有经济利益的营业行为；合伙人共负盈亏，共担风险，对外承担无限连带责任。

合伙人既可以按其对合伙企业的出资比例分享合伙盈利，也可按合伙人其他办法来分配合伙盈利。当合伙企业财产不足以清偿合伙债务时，合伙人还需要以其他个人财产清偿债务，即承担无限责任，而且任何一个合伙人都有义务清偿全部合伙债务，即承担连带责任。

合伙企业是一种古老而富有生命力的共同经营方式，它以自身的特点和优势大量存在于许多国家的诸多行业之中，有许多国际知名的大企业在创业阶段甚至已经成长为大规模企业后都采用了合伙企业的组织形式。一般在广告、商标、咨询、会计师事务所、法律事务所、股票经纪人、零售商业等行业较为常见。

四、有限责任公司

《中华人民共和国公司法》（《公司法》）规定，公司是指在中国境内设立的有限责任公司和股份有限公司。由于股份有限公司注册资本要求较高，且需经省级政府部门的批准，不为一般的创业者所采用，创业者可选择有限责任公司。

有限责任公司是指股东以其出资额为限对公司承担责任，公司以其全部资产对公司的债务承担责任的法人企业。有限责任公司内部的法律关系界定得比较清楚，规范起来也相对容易，企业以注册资本对外承担责任，投资者不负连带责任。因此，有限责任公司是绝大多数创业者所乐于采用的组织形式。

有限责任公司是指由 2 名以上或 50 名以下股东（自然人或法人）组成对公司债务承

担有限责任的法人组织。可见,有限责任公司适用于由 2~50 名大学生组成的创业团队,这 2~50 名大学生成为所设立的有限责任公司的股东,以他们的出资额为限对公司债务承担责任,该公司则以其全部资产为限对公司债务承担责任。

> **拓展阅读**
>
> **今后创业零门槛**
>
> 从 2013 年 3 月 1 日起,深圳、珠海将在全市范围内实施商事登记改革:企业登记从"审批许可"向"核准登记"转变,不收取登记费用,注册资金实施企业自主认缴。2015 年国务院常务会议确定实施"三证合一"登记制度改革,方便创业创新。会议强调,推行"三证合一"是商事登记制度的重大改革,在今年底前确保实现"三证合一""一照一码"登记模式在全国推开。
>
> 所谓"三证合一",是指企业注册申请时,将工商、质监、税务分别核发证照,改为由工商部门一次性核发营业执照。
>
> "三证合一"的实现提高了市场主体的准入效率,只需一个窗口提交材料,统一门槛,淡化了部门利益,"产生的改革红利既能给市场带来正向效应,也有利于保持政府改革的应有势能"。

第二节 创办新企业的基本流程

创办新企业,要对企业建立的登记注册的流程,企业的组织设计以及企业的初创管理有初步的了解。

一、登记注册

创办企业需要依法登记注册,继而得到法律承认与保护,否则将被视为非法经营。下面介绍有限责任公司、个体工商户、合伙企业以及个人独资企业登记注册的一般程序和材料准备要求。

最新公司法注册公司流程如下:

第一步:公司核名。

(1) 可以委托当地注册公司客服进行核名。

(2) 提供全体投资人身份证原件及复印件。

(3) 确定公司注册资本(认缴制),约定认缴期限 30 年。

(4) 确立公司经营范围;查询经营范围入口。

(5) 5 个工作日市工商局终审领取《名称预先核准通知书》。

第二步:办理工商登记设立。

需要准备材料:

(1) 公司法定代表人签署的《公司设立登记申请书》。

(2) 董事会签署的《指定代表或者共同委托代理人的证明》。

(3) 由发起人签署或由会议主持人和出席会议的董事签字的股东大会或者创立大会会议记录（募集设立的提交）。

(4) 全体发起人签署或者全体董事签字的公司章程。

(5) 自然人身份证件复印件。

(6) 董事、监事和经理的任职文件及身份证件复印件。

(7) 法定代表人任职文件及身份证件复印件。

(8) 住所使用证明。

(9)《企业名称预先核准通知书》。

第三步：篆刻公司印章。

需要准备材料：

(1) 营业执照副本原件及复印件。

(2) 法人身份证原件及复印件。

(3) 委托人身份证原件及复印件。

需要篆刻的印章：企业公章、企业财务章和企业法定代表人个人印鉴。

注：之后在办理其他相关程序时，一定要带企业篆刻的公章、财务章、法人个人印鉴。

第四步：办理企业组织机构代码证。

需要准备材料：

(1) 营业执照副本原件及复印件。

(2) 企业法人身份证原件及复印件。

(3) 企办人身份证原件及复印件。

(4) 企业公章。

第五步：办理税务登记证。

需要准备材料：

(1) 企业营业执照副本原件及复印件。

(2) 组织机构代码证原件及复印件。

(3) 房屋租赁合同（印花税贴右上角注销）复印件。

第六步：银行开设公司基本户。

需要准备材料：

(1) 企业营业执照副本原件及复印件。

(2) 组织机构代码证原件及复印件。

(3) 税务登记证原件及复印件。

(4) 公章、法人章、财务章。

(5) 签订扣税协议。

第七步：企业核税。

需要准备材料：营业执照、组织机构代码证、税务登记证、股东身份证、公章、财务章、扣税协议、CA证书、租赁协议、租赁发票、办税员身份证。

二、新创企业的组织设计

新创企业往往规模小，资金薄弱，缺乏知名度，因此创业者在其组织结构设计上要求精干高效、控制成本、反应灵活。新创企业的组织结构一般要求趋于扁平，让决策权集中在创业者手中，使决策与执行程序相对简单，可以高效决策、快速执行，这样有利于其迅速进行调整以适应市场的变化。

织设计的含义与内容：一个组织确定了目标和计划后，管理者必须设计出合理、高效的组织结构，合理配置组织的各种资源，以保证组织计划和目标的顺利实现。同时，组织还必须根据内外部环境的变化，不断地对组织结构作出调整和变革。

1. 组织设计的含义

企业组织设计，就是设计一套符合企业需要，能够客观反映企业生产运行规律，适应市场竞争需求，使企业内部运转有序，有效发挥整体机能的组织结构体系。

组织设计是建立在分工与协调基础上的，或者说，组织设计的目的是做好分工与协调工作。企业的组织设计，涉及企业内部的财产关系、利益分配关系、领导关系、组织规模等，因此组织结构必须有效合理地解决内部的复杂关系，才能使企业内部分工恰当，协调一致，不断扩展市场并获得发展。

2. 组织设计的内容

职能设计：职能设计是以职能分析工作为核心，研究和确定组织的职能结构，为管理组织的层次、部门、职务和岗位的分工协作提供客观依据的工作。职能设计是整个组织设计关键性的第一步，关系到之后其他设计的成败。

部门设计：对组织内各种职能加以分类后所组成的专业化的管理单位称之为部门。部门设计有两项任务：一是确定组织应该设置哪些部门；二是规定这些部门之间的相互关系，使之形成一个有机整体。

管理幅度与管理层次设计：管理幅度的大小，实际上意味着一位主管人员直接控制和协调的工作活动量的多少。管理层次实质上是组织内部纵向分工的表现形式，各个层次分别担负不同的管理职能。管理幅度对管理层次的多少具有直接影响，并最终影响到组织结构的形式。管理幅度与管理层次成反比关系。

职权设计：职权是组织各个部门、各种职务在职责范围内决定和影响其他个人或集体行为的支配力。职权设计就是正确处理组织内纵向与横向两个方面的职权结构关系，将不同类型的职权合理分配到各个层次和部门，建立起高度协调的职权结构。

横向联系设计：横向联系设计是为了解决组织管理专业化分工与协作之间的矛盾，达到在分工基础上加强协作、提高管理整体功能的目的。横向联系设计主要是横向协调方式的设计。

管理规范设计：管理规范是用文字形式规定的管理活动的内容、程序和方法，是管理人员的行为规范和准则。因此，管理规范可以说是组织管理中各种管理条例、章程、制度、标准、办法等的总称。

3. 新创企业组织设计应遵循的原则

企业组织结构的设计要与企业目标相联系，组织设计是手段，目的是为了更好地实现企业的经营任务和目标，这是进行组织设计的一条总的指导原则。在组织设计的过程中，逻辑性地考虑工作的内容、特点和需要，因事而设职、因职而用人，是目标原则的具体体现。

在组织设计过程中，力求做到在满足企业任务目标的前提下，机构要精简、队伍要精干、管理要高效率。

企业组织机构设计要遵照专业分工原则，把企业生产经营活动进行分类和人员分配，以确定各个业务部门和成员的业务活动种类、范围和职责，从而提高管理工作的质量和效率。

企业在实行专业分工的同时，必须十分重视部门间的协作配合。企业组织上的协调工作包括横向协调和纵向协调两个方面。横向协调指平行的各职能部门、单位间的协调，这是组织协调工作中的重点与难点，也是实现管理整体效益提高的关键。纵向协调指领导与被领导者之间的沟通关系，由于有上下级行政关系的制约，协调的难度不是很大。组织设计要保证每一个管理层次、部门、岗位的责任和权力要相对应，防止有权无责和有责无权两种偏差，职责与权力要匹配。

一般来说，在有效的管理幅度内，要力求减少管理层次，否则管理层级多了，人员和费用也多了，会影响公司的经营效率。但是，有效的管理幅度必须考虑到机构特性、管理内容、人员能力以及组织机构的健全程度等因素，管理幅度过大同样也会影响公司的经营效率。

拓展阅读

彼得·德鲁克关于组织工作的七项原则

1. 要明晰，不是简单。

2. 努力用经济来维持管理，并把摩擦减至最小限度。用于控制、监督、引导人们取得成绩的力量应该保持在最低限度。组织结构应该使人们能够自我控制，并鼓励人们自我激励。

3. 眼光直接投向产品，而不是投向生产过程；投向效果，而不是投向所做的努力。组织可以比作一种传输带，这种传输带越"直接"，各个活动取得成绩时的速度越快，方向的改变越小，组织就越有效率。

4. 每一个人都要理解自己的任务以及组织总体的任务。

5. 决策把注意力集中在正确问题上时要面向行动，而且尽可能使最底层的管理人员做出决策。

6. 要稳定，反对僵化，以求在动乱中生存下来；要有适应性，以便从动乱中学到东西。

7. 要能永存和自我更新。一个组织必须能够从内部产生未来的领导者。为此，一个基本条件是组织不应该有太多的层次；组织结构的设计应该帮助每一个人在他担任的每一个职位上学习和发展，使人能够继续学习；必须接受新思想并愿意和能够做新事情。

4. 组织设计的程序

关键管理岗位：在组织目标确定之后，通过对组织目标的解剖和分析，确定达成组织目标的总任务。根据任务的性质、工作量、完成的途径和方式将总任务进行划分。划分后的子任务应具体、明确，并尽可能确定这些子任务的相互关系和顺序，然后将相近的或联系紧密的子任务进行归类。

组织结构形态：划分清楚活动和岗位之后，可以根据需要和习惯，选择设计组织的具体结构形态。然后对应于每一类任务建立相应的不同层次的部门或机构。划分部门时，要注意避免部门之间职能的重复和遗漏，各部门的工作量分配要尽量平衡。此外，还需对纵向、横向部门的相互联系、工作流程、信息传递方式等做出规定，使组织机构形成一个严密而又具有活力的整体。

岗位的权责：在组织结构的每一个层次上，根据任务的特点、性质以及授权情况，确定相应的管理幅度，因此便确定了关键岗位的数量，从而可对每一个关键岗位职务的权责做出详细规定。

主要管理人员：在完成了上述步骤之后，便需要按照关键岗位的任职条件，选拔配备相关的管理人员，并对一般职员做出相应的分配和安排，特别是要限定清楚直线人员与参谋人员的配备。

组织设计完成之后，便进入了运行状态。在组织的运行过程中，可能会暴露出许多漏洞和矛盾，因此必须根据出现的情况对组织结构做出及时调整，使组织结构在运行过程中得到不断修正和完善。

5. 组织结构设计

企业常用的组织结构类型有：职能制组织、直线制组织、直线－职能制组织、矩阵组织、事业部制组织、立体多维组织等。

新创企业的组织和管理与成熟企业的组织结构和管理方式是不完全一样的，有时会有很大的差别。对于小企业的创业者，在创业初期需要设计的组织结构，一般来说是比较简单的。但是，也有很多创业者，在创业启动资金、技术、市场规模等方面起步较高，因此创业管理的平台也相对较高，这样，从一开始就可以设计成事业部制的组织结构。而一般的小企业，开始可以设计成直线结构，随着企业的成长，再逐渐向事业部制转化。

小企业在创业初期，组织结构比较简单。创业者或经理不仅领导部门负责人，而且和部门负责人一起面对企业的全体员工及其岗位管理，创业者或核心管理者常常既是管理者又是技术或市场等业务人员。甚至有很多创业初期的公司，总经理、总工程师、市场部经理等都由创业者一人兼任。一般来说，对于制造业，创业初期大致可以分为以下几个部门：

技术部门：分管技术支持，新产品开发等。

营销部门：分管市场开拓与产品销售及营销策划、营销公关等。

生产部门：分管产品生产、产品包装、仓库管理、生产计划等。

财务及行政部门：分管财务管理、行政事务管理、人力资源管理等。

创业初期的企业管理常常是处于一个层次，即总经理与各部门中间没有层次障碍。

创业者可以直接深入一线，普通员工可以直接与创业者对话，这样符合创业初期企业发展的需要。但是随着企业的成长，组织结构需要随着企业的发展而做出调整。创业者需要使组织创新与技术创新、市场创新、管理创新等相一致、相融合，从而协调发展，才不至于使新企业过早地老化以致创业失败。

三、新创企业的管理

综上所述，一个新企业的运营管理从无到有，需要在这个阶段确保三件事做对：人力管理、营销管理和财务管理。

1. 人力管理

初创企业，因产品方向不定，业务模式在探索中，公司里往往一岗多责。核心员工队伍尚未成型。创业者重要的任务就是进行岗位分析与设计、人力资源招聘、薪酬管理。

岗位分析与设计，创业者需要初步配备相关的人员，对岗位职责进行模糊化处理，灵活处理公司各种业务；人力资源招聘，根据人力资源规划和工作分析的要求，吸纳更多优秀人才加入；薪酬管理，制定公司的基本薪酬标准和梯度，对工资、奖励、佣金和利润分成等薪酬要素的确定、分配和调整过程。

2. 营销管理

企业要生存下去产品就要能卖出去，并且给企业换取利润，以维持企业的正常运转。营销的方式一般包括初期的营销，靠创业者个人力量去推销产品，至少要找到愿意付费的10个客户，否则企业将很难存活；也可以采取惯例式的营销，对市场细分、建立营销团队、构建营销网络。创业初期，可以几种营销方式同时进行，或者凭借自身的特色，做大企业的有益补充，这种盈利模式是依附成长模式，有利于小企业的初期发展。

3. 财务管理

账目清晰对初创企业来说也是至关重要的。很多初创企业由于账目不清，容易使创业者对现金流量预测不准；企业现金流量一旦断流，给企业带来的就是致命的风险。

初创企业应记好的四本最基本的账目：现金账、销售账、费用账和库存账。现金账以月度为周期，内容是记录每月几个重要的现金结算日期，目的是防止现金流断流；销售账以日为周期记录，日清月结，内容是流水账方式记录每天销售额、进货成本等；费用账是以表格形式把所有已经发生的费用用列表的方式呈现出来，每月记录一次，内容包括企业经营期间发生的费用，人员工资、房租、水电费、上网费、交通费、通信费、办公室耗材、设备折旧等，以确保经营成本的合理支出；库存账记录的内容是进货日期和出货日期、进货批次、批量、存放货架等信息。这样便于创业者及时掌握库存周转周期，有利于资金的分配使用。

初创企业成功的关键就是正确、严格的财务控制。处于初创期的企业往往把管理的重点放在经营上，而忽略财务管理。这是创业者对财务管理认识上的偏差。许多企业融资顺利、计划书完美、产品开发成功，但最后因为财务管理不善而失败。

第三节　新创企业发展实践战略

新企业创建后，面对市场的诸多不确定因素，以及自身管理组织、资金等生存管理问题,创业者需要从企业的发展全局的角度出发,从制定企业发展战略、新产品开发定位等方面进行生存管理。

一、制定企业发展战略

从战略的视角出发,我们可以发现,这些生存下来的企业,包括新近进入这个行业中并且获得市场份额的企业(如亚马逊公司、戴尔公司以及惠普公司)都遵循着"对市场进行重新定位和进一步细分"的策略。他们不是去找到了一个适于生存的环境,就是开发了一项别人没有的技术,这也包括在商品配送方面的技术(如戴尔的直销和亚马逊的因特网销售)。因此,企业顺利渡过创业期并生存下来后,其战略选择就显得尤为重要。

(1) 制定发展战略的必要性。西方企业为了生存与发展,在20世纪60年代引进了战略概念。可以说,战略管理不是某种职能的具体管理,而是对企业生产经营活动实行的总体性管理。对企业而言,制定自己的发展战略是最根本的一件大事。一个企业,如果没有战略,就不能准确地预见企业将来可能遇到的有利或不利的情况,更谈不上及时、准确的企业决策,当然,企业的发展目标也就无从实现。美国著名的管理学家德鲁克教授曾经精辟地说过:"没有战略的企业家就像流浪汉一样无家可归。"而中国企业高层管理人员对战略的体会则更深刻,前联想集团董事局主席柳传志认为,随着市场的日益规范,企业将承受越来越大的竞争压力,制定合适的企业战略变得越来越重要。企业要向巨头们学习战略管理,"没有战略,明天就吃不到饭;而战略不合理,也许今天就会饿死"。

据统计,不仅许多大企业每年都会拿出40%~48%的时间制定发展战略,而且中小企业也都在纷纷制定发展战略。例如,日本的佳能公司,在十几年前是一家弱小的公司,美、日等国的一些大企业根本没把它放在眼里,但正是由于佳能公司那时已经有击败美国施乐公司的发展战略,所以日后才逐步发展成为世界知名的大企业。佳能公司首先掌握了施乐公司的技术,依靠施乐公司的技术生产产品,进而形成了自己的技术,进入施乐公司所不及的日本和欧洲市场,成为施乐公司强有力的竞争对手。据美国某研究机构对1000多家企业测查结果表明:有明确战略的企业比没有明确战略的企业或没有战略思想的企业平均利润率高50%。因此,正确的战略管理对企业的成败非常重要。

(2) 市场竞争环境下企业发展战略。新企业在激烈的市场竞争中要注重改善经营模式,细分目标市场,确定优势产业及发展战略,从而为企业的发展寻找生存空间。我们认为以下几种中小企业发展战略值得探讨和选择。

一是重点集中战略。每个企业只能在一个领域、一定的行业形成优势,不可能在多个方向都有竞争力。而且,中小企业实力较弱,往往无法经营多种产品以分散风险,难以形成规模性生产和销售,难以有较强的研究开发能力,质量、技术、信誉以及市场营销一般都不如大型企业。所以,明智的中小企业就要善于运用市场聚焦策略,扬长避短,把有限的资源、资金、力量集中到能够形成自身优势的领域和目标上来。在形成竞争优势后,要乘胜而行,使企业在该目标区域内形成核心竞争力。

二是生存互补战略。这是根据中小企业力量单薄、产品单一的特点而制定的一种经营战略。大企业为获取规模经济效益,必然要摆脱"大而全"生产体制的桎梏,求助于社会分工与协作。这在客观上增加了大企业对中小企业的依赖性,为中小企业的生存和发展提供了可靠的基础。中小企业在决定自己的生产方向时,不是着力于开发新产品,而是接受一个或几个大企业的长期固定的订货,与大企业建立紧密的分工协作关系。如日本的松下电器公司,与它协作的中小企业约有 1200 多家,所需的零部件 70%~80%是由中小企业提供的。所以说中小企业的发展很大程度上取决于大中小企业之间所建立的相互依赖、共同发展的关系。

三是技术创新战略。技术是当今经济最主要的生产要素。技术创新可以扩大企业的市场需求,可以提高产品质量和降低产品成本,使企业具有强大的竞争力和生命力。国内中小企业多数是从劳动密集型产业开始的,产品技术含量普遍比较低。为此中小企业要想发展壮大,就必须进行技术创新,可以说,技术创新是中小企业腾飞的重要推动力。比如,海尔企业就是从技术创新战略的成功实施中获得了一个又一个的进步发展,它宣称:"宁做第一,不做第二";"干什么就创造第一,第一就给企业创造了无形资产"。

四是"空白点"战略。市场的"空白点"就是企业制定战略的出发点和目标。另外,现有市场不可能是天衣无缝的,总会存在"空隙"。"空隙"市场由于产品服务面比较窄,市场容量不大,大企业不能形成规模而不愿插足,使中小企业既可扩大市场占有率,又可扩大收益率。中小企业只要看准机会,立即"挤"占,将这些空隙组成联合销售网络,可能会超过那些大圆圈市场。中小企业机动灵活、适应性较强的优势,将能够保证它们寻找到市场上的各种空隙,"钻进去"从而形成独特的竞争优势。又如中国山西南风集团的奇强洗衣粉定位战略便是首先选择上海奥妙、美国宝洁和英国联合利华等大企业忽视的市场,采取"农村包围城市"的战略而发展成为全国第一的。

五是差异化战略。差异化是将企业提供的产品或服务标新立异,形成产业内具有独特性的东西。差异化的方式可以是设计品牌形象、技术特点、客户服务、经销网络或其他方面的独特性。坚持差异化的原则可以利用客户对品牌的忠诚以及由此产生的对价格敏感性的下降使中小企业避免与大企业发生正面冲突,它可以增加利润。

二、新产品开发定位

(1) 新产品的类型。所谓新产品,是指在结构、功能或形态上发生变化,并推向了市场的产品。它包括全新产品、换代产品、改进产品和仿制产品。

全新产品:是指应用新的技术、新的材料研制出的具有全新功能的产品。这种产品无论对企业或市场来讲都属于新产品。全新产品也可以说是一种发明。如在使用蜡烛照明的年代,电灯泡的发明就属于一种全新产品,再后来荧光灯的出现也属于一种全新产品。

换代产品:换代产品是指在原有产品的基础上,采用或部分采用新技术、新材料、新工艺研制出来的新产品。如洗衣机从单缸洗衣机发展到双缸洗衣机和全自动洗衣机;电视机由黑白电视机发展到彩色电视机、纯屏彩色电视机;电子市场中 CPU 主频不断地更新加快。

改进产品:改进产品指对老产品的性能、结构、功能加以改进,使其与老产品有较明显的差别。时下流行的通信设备——手机,其生产厂家不断地更改储存量、外形等功能,且改进的速度越来越快,使一些大公司能牢牢掌握住市场,如 Motorola 公司。

仿制产品：仿制产品是指对国际或国内市场上已经出现的产品进行引进或模仿、研制生产出的产品。这是一些小型企业采取的经营策略，这样不仅可以省略前期开发新产品的大笔费用和节省产品促销费用，而且可以利用被仿制产品市场占有率的优势来抢占部分市场份额，或利用价格优势来挤、抢被仿制产品的市场。如引进汽车生产线，制造、销售各种类型的汽车等。

（2）新产品开发定位的重要性。对于新企业来讲，由于产品或者技术对于市场来讲是全新的，它们面临的目标市场很不确定，消费者对于产品的认知较少，市场认可程度也较低。由于目标群体的不确定导致新企业很难获得消费者的需求偏好以及对于企业产品的反馈信息，新企业无法通过营销创新来大幅提高产品的市场认可程度。因此，新产品开发定位是非常重要的。

新产品定位是确定企业的产品在潜在顾客或消费者心目中的形象和地位，即企业对选择怎样的产品特征及产品组合以满足特定市场需求的决策，这是新产品设计首先应明确的问题，它是企业生产经营活动的基础。

新产品定位是针对产品开展的，其核心是产品为其服务。因此，新产品定位要针对当前的和潜在的顾客需求，开展适当的市场调查活动，以使其在顾客心目中得到一个独特的、有价值的位置。在潜在顾客心目中，每一种产品类型都存在某种无形的阶梯，在阶梯顶端的是他们心目中的市场主导品牌。定位的策略，就是为企业的产品在这个阶梯上找到一个合适的位置。新产品定位过程是细分目标市场并进行子市场选择的过程。传统的设计定位方法是通过建立产品差异性空间来确定新产品开发方向，这种建立在分析现有市场和产品基础之上的方法客观而严密，但如今市场上的产品种类繁多，一一列举每个竞争对手的情况，在操作上比较困难。所以，新时期的定位则应更多地依赖于信息的掌握和对其作出的相关预测。

【案例】王老吉如何细分市场

同胞兄弟：盒装王老吉

2005年，"怕上火，喝王老吉"已响彻了中国大江南北，一时间喝王老吉饮料成了一种时尚，王老吉饮料成了人们餐间饮料的重要组成部分，而这句广告语也成了家喻户晓、路人皆知的口头禅。

所有的光环都笼罩在红色罐装王老吉身上，而在这光环之外，作为同胞兄弟的绿色盒装王老吉却一直默默无闻。

红色罐装王老吉是经王老吉药业特许，由加多宝公司独家生产经营的；盒装王老吉则由王老吉药业自己生产经营。

评析：

在现代营销战争中，制定和实施成功的品牌战略才是赢得战争的关键，而目前仍让不少企业津津乐道的铺货率、强力促销等"制胜法宝"，在残酷的市场竞争中，很快变得稀松平常，乏善可陈，只不过是每个企业生存下来的必备条件而已，而制定正确的品牌战略才是企业制胜的"根本大法"。正如世界著名营销战略家特劳特先生所云：战略和时机的选择才是市场营销的喜马拉雅山，其他只是小丘陵。

【实训任务】

实训项目一：

试开一间校内的电脑维修点，请根据费用预算表，估算一下自己项目的开业启动资金。

费用项目	估计每月费用	估计启动经费
人员工资	_____ *3个月	
租金	_____ *3个月	
广告宣传费用	_____ *3个月	
运输、托运费用	_____ *3个月	
原材料供应品	_____ *3个月	
水电费	_____ *3个月	
税项	_____ *3个月	
办公行政费	_____ *3个月	
	_____ *3个月	

要求：

(1) 分组进行，看哪一组能以最快速度核算清楚

(2) 根据最优的组，老师分析初创企业的财务管理要义。

实训项目二：根据已学内容，填写表格，试模拟创建一个公司。

阐述你的经营思想		
产品和服务设想		
预计销售对象		
产品和服务十大优点	1.	
	2.	
	3.	
	4.	
	5.	
	6.	
	7.	
	8.	
	9.	
	10.	
满足了顾客哪些需求		
你的经营策略		

第十章 创业体验

【经典语录】

很多东西就创业来讲,一个 idea,一个想法,最后的实践、执行,这个过程是最漫长或者是最痛苦的。

——管理学专家 王吉鹏

【学习目标和实训要求】

学习目标:体验创业模拟软件的功能。

实训要求:掌握创业模拟软件使用的基本技巧。

【重点与难点】

模拟创业的基本流程。

【本章知识结构】

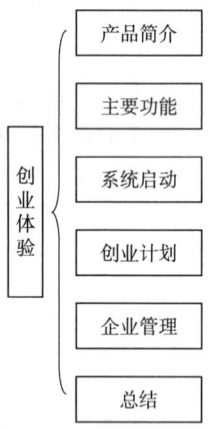

第一节 产品简介

"创业之星"软件是用计算机模拟市场环境,参与模拟者分工合作,运用企业管理的有关知识,对虚拟企业进行经营。"创业之星—大学生创业模拟实验室"是配合教育部加强创业教育实训的要求而全新推出的产品,是国内第一套全程创业模拟实训的训练平台。创业之星采用国际上领先的商业模拟技术来实现创业模拟的全过程。学生在创业之星平台下模拟真实企业的创立过程，完成创业计划书、办理工商税务登记注册、对创立企业进行运营管理等管理决策。通过对真实创业环境的逼真模拟，帮助学生掌握在真实企业创业过程中可能遇到的各种情况与经营决策，并对出现的问题和运营结果进行分析与评估，从而对创业有更真实的体验与更深刻的理解，帮助学生提升创业意识，掌握创业技能，增强择业就业的能力。

理论学习目标：了解创业模拟软件的基本情况，加强实验和实训，培养大学生的自主思考，动手能力，团队协作能力，提高大学生的综合素养。

实践训练要求：以创业之星模拟软件为例，学生分成若干个团队模拟创业过程，每个团队由若干个学生组成，学生将担任总经理、营销总监、生产总监、财务总监、供应总监等完成相应角色任务，发现机遇，分析问题，制定策略，保证公司成功及不断的成长。

重点：以团队形式，不同角色的模拟实训。

难点：对模拟实训中存在的问题进行诊断和处理。

教学的特点：与传统授课式或案例式学习方法比较，企业经营模拟沙盘课程有效解决了传统培训枯燥的说教模式和空洞的讨论内容，使学生在教师的指导下，通过亲自参与和实战演练，大大提升了培训效果，加深和巩固了学生对所学知识的理解与掌握。商业沙盘模拟课程不同于一般的培训或实践，它没有一成不变的问题和标准答案，其核心是一套完善的模拟系统和全面、专业的管理学知识体系。

第二节 主 要 功 能

创业之星涵盖了从计划、准备到实施的创业全过程。创业之星主要包括三大部分功能模块：创业计划、创业准备、创业管理。模块一：创业计划。根据创业之星整个训练系统平台的商业背景环境与数据规则，分析市场环境与竞争形势，完成公司创业计划书的编写。创业团队首先对背景环境进行商业机会分析，组建经营团队，制订资金筹措计划，撰写公司名称，制订公司章程，并编写一份完整的创业计划书。模块二：创业准备。当创业者有了想法，并已经做好了资金、人员、技术、场地、设备、公司名称等方面的各项准备工作后，就进入了企业的初创阶段。参加训练的学生需要独立完成公司注册审批流程的所有工作。公司注册审批的环节主要包括：租赁办公场所、公司名称审核、银行注资、事务所验资、工商办证、税务办证、质量监督、刻制公章、办理保险等。需要根据系统规定的流程，完成相关表格的填写与资料的准备工作。模块三：创业管理。企业的生存发展如同一个生命的有机体一样，也会经历初创、成长、发展、成熟、衰退等阶段，即企业发展的生命周期。创业之星在创业管理模块环节就是让学生实战中模拟企业的运营管理，围绕创业企业发展的生命周期，制定各项决策，并最终推动企业成长壮大。

创业管理是训练和提升学生创业能力的关键环节，也是检验创业计划可行性的实践环节。通过对真实企业的仿真模拟，所有参加训练的学生分成若干小组，组建成若干虚拟公司，在同一市场环境下相互竞争与发展。每个小组的成员分别担任虚拟公司的总经理、财务总监、营销总监、生产总监、研发总监、人力资源总监等岗位，并承担相关的管理工作。通过对市场环境与背景资料的分析讨论，完成企业运营过程中的各项决策，包括战略规划、品牌设计、营销策略、市场开发、产品计划、生产规划、融资策略、财务预算等。通过团队成员的努力，努力使公司实现既定的战略目标，并在所有公司中脱颖而出。

第三节 系 统 启 动

以下以远程在线演示服务器操作为例，介绍基本的操作流程与方法：

（1）运行教师端程序，连接在线服务器 www.monilab.com，进入其中一个开放的教室，如：101、102、103 等，连接端口使用：80。如教室有密码无法进入，请及时联系我们的技术支持人员申请体验教室号码。

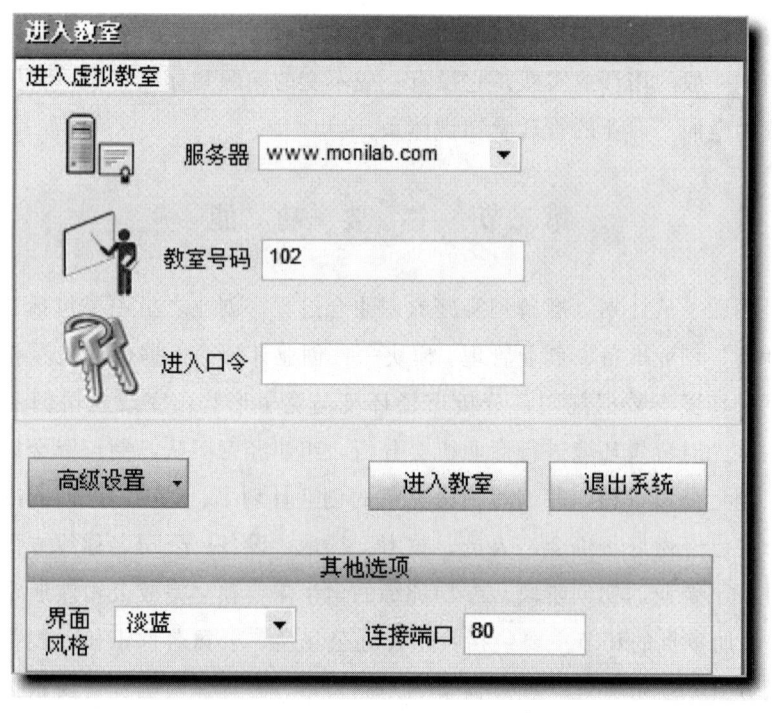

（2）在出现的教室列表中选择需要登录的教室号，单击"进入教室"；或新建立一个班级，再选择新建立的班级，单击"进入教室"。

第三节 系统启动

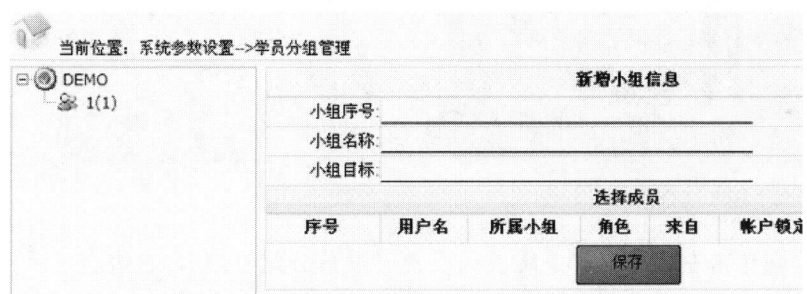

（3）单击左边菜单"系统参数设置－学员分组管理"，创建小组序号和小组名称。创建成功后会在中间列表中显示已创建的小组序号及名称。

（4）运行学生端程序，进入前面教师已经启动的班级。

(5)单击"注册新用户"。

(6)在出现的注册页面输入登录的学生信息,选择教师已经创建的小组号(新建的学生必须要加入小组,教师未创建小组则学生无法注册),选择个人形象,单击"注册"。

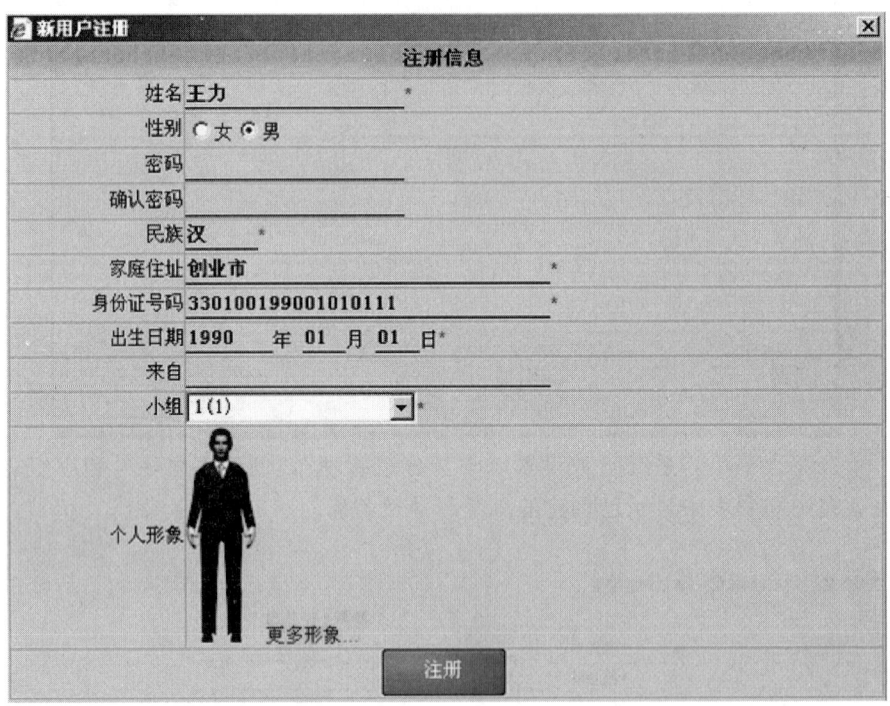

(7)教师端程序,单击左边菜单"系统参数设置-学员分组管理",右边会显示出新申请的学生姓名,如未出现,在右边窗口中单击一下鼠标,然后按"F5"键刷新屏幕。单击该名字右边的"账户锁定"一栏的加锁标志,标志变为"",则表示已同意该学生注册。

(8)在学生端,按"F5"刷新屏幕,或重新启动程序,会看到申请已获教师批准。选择刚申请注册的名字,单击登录,即可进入学生端程序的主场景。

(9)至此,学生端和教师端都已正常登录。

第四节 创业计划

由4~6名学生组成一个小组,每个小组初始时均拥有一笔投资。在开始时,各小组团队成员针对整个市场环境背景资料及规则,撰写创业计划书。由于撰写一份完整的创业计划书需要不少时间,这部分工作主要在课前完成。完成的创业计划书可粘贴到"公司内部-会议室-创业计划书"部分。

单击"公司",直接快速跳转到公司场景,如下图所示。

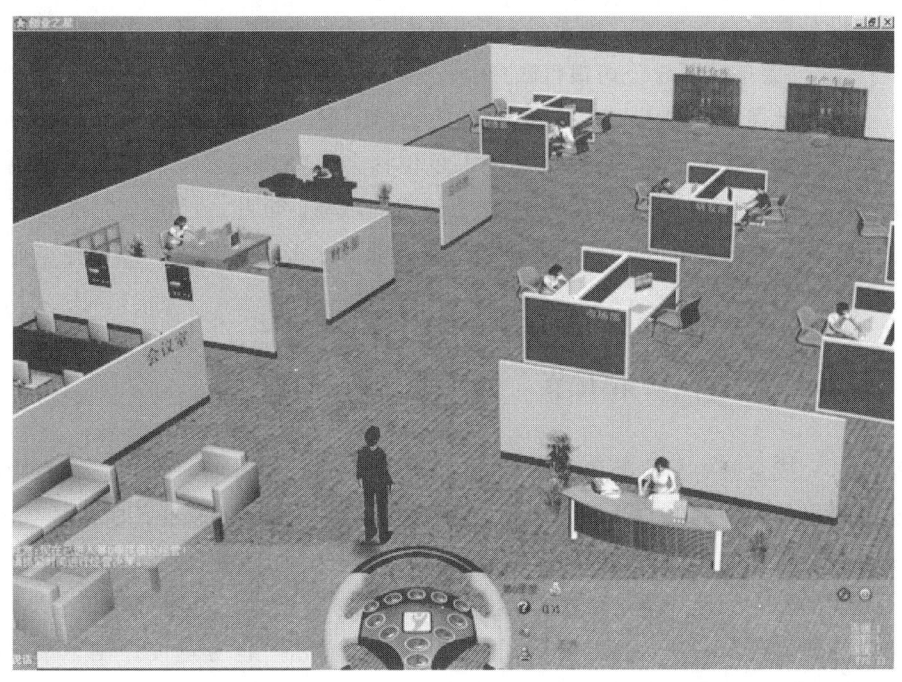

单击"会议室",单击菜单"公司章程",完成公司章程的编写,并在最后签名确认。

(1) 公司注册资金。进入"创业银行",单击"对公业务"窗口,在弹出窗口中单击"股东资金存款"菜单,确认将股东资金存入银行。

(2) 领取验资报告。进入"会计师事务所",单击前台位置,弹出窗口中单击"出具验资报告"。完成公司注册资金的验资。

(3) 公司设立登记。退出公司回到主场景,单击进入工商行政管理局;或直接在下面的导航仪表盘上单击"工商",进入工商局内部。单击"公司设立"窗口,在弹出窗口中,依次单击"指定代表证明""董事经理情况""公司股东名录""法定代表登记""发起人确认书",根据窗口提示信息完成相关内容填写,注意输入信息的正确性。全部完成后,最后单击"公司设立申请",注意办理工商营业执照所需的各项材料是否都已准备好,如准备好会标志"√"。按要求填写完所有内容,单击最后的签字确认。

单击"申领营业执照",单击"办理营业执照"菜单,领取已办好的企业法人营业执照。

(4) 刻制公司印章。进入"刻章店",凭营业执照刻制公司章、财务章、法人章。

(5) 办理机构代码。进入"质量技术监督局",办理公司组织机构代理证。

(6) 办理税务登记。进入"国家税务局",单击"税务登记"窗口,按要求填写完相关信息,领取国税登记证。进入"地方税务局",单击"税务登记"窗口,按要求填写完相关信息,领取地税登记证。

(7) 开设公司账户。进入"创业银行",单击"对公业务"窗口,在弹出窗口中单击"开设银行账户"菜单,开设公司银行账户。

(8) 办理社会保险。进入"人力资源和社会保障局",单击"社会保险"窗口,在弹出窗口中单击"社会保险登记",完成"用人单位社会保险登记表"的填写。再单击"社会保险开户",完成"企业社会保险开户"登记表的填写。至此,已完全完成公司工商税务登记所有流程工作,公司正式成立,可以开张营业了。接下来将进入到创业企业运营管理阶段。

第五节 创 业 管 理

学生全部完成企业的创业准备工作后,接下来可以进入创业管理阶段。在教师端程序单击"任务进度控制"菜单,单击"进入第1季度经营",结束创业准备阶段的各项工作,进入创业企业运营管理阶段。如不需要做前面的工商税务登记流程任务,教师可以控制直接跳转到后面的创业管理环节。在教师端单击"系统参数设置-基本环境设置",将"是否跳过公司注册流程"一项选择"是",再按上面步骤单击"任务进度控制"菜单,单击"进入第1季度经营",即可跳过工商税务登记注册环节。

在创业管理阶段,各小组在规定时间内一次性完成所有的经营决策,这和《经营之道》产品的决策模式完全不同。在每一季度时间截止前,小组成员可以反复对决策的内容进行调整修改。一旦教师端控制结束该季度运营,则不能再修改已完成的所有决策。在每一季度需要完成的决策除个别任务外,大部分不分先后次序,可由每位成员根据公司讨论好的策略同时去制订相关决策。

1. 研发部

研发部负责公司新产品的研究与开发工作。单击"研发部",弹出窗口会显示研发部需要完成的决策任务以及相关操作。

产品设计:单击"决策内容-产品设计",根据消费者需求分析的情况及公司发展战略设计需要生产的产品,产品名称由公司自己取名,并确定产品原料配置清单及计划针对的消费群体。设计好后单击"保存"。

第五节 创业管理

完成设计的产品，在窗口最下面有所有产品列表，将鼠标移到产品名称旁的""标志上，会显示出该产品的原料配置清单及研发进展等信息。

产品研发：不同设计的产品根据复杂程度，其需要投入的产品研发时间也不相同。单击"决策内容－产品研发"，根据窗口提示完成已设计好的产品的研发投入。

131

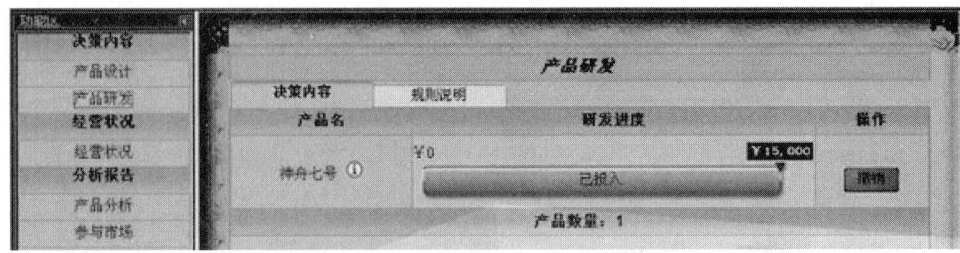

2. 制造部

制造部门负责公司产品的生产制造工作。包括原料采购、厂房添置、设备添置、资质认证、工人培训、产品交货等决策。

原料采购：根据公司设计的产品原料配置情况，采购生产产品所需要的原材料。

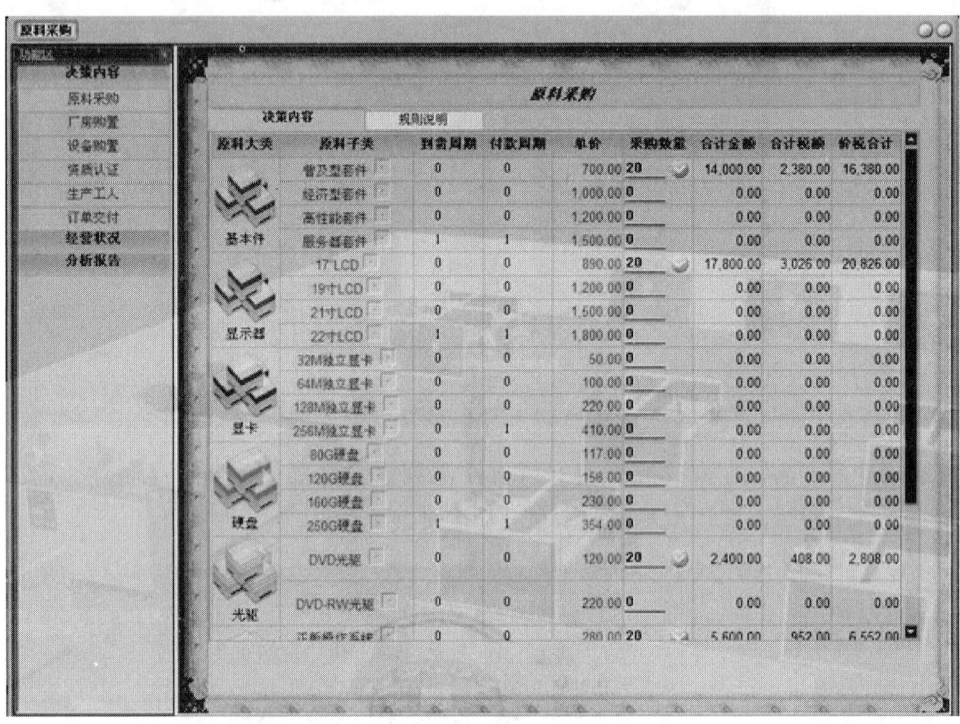

厂房购置：公司可以购买或租用厂房，用来放置生产设备。

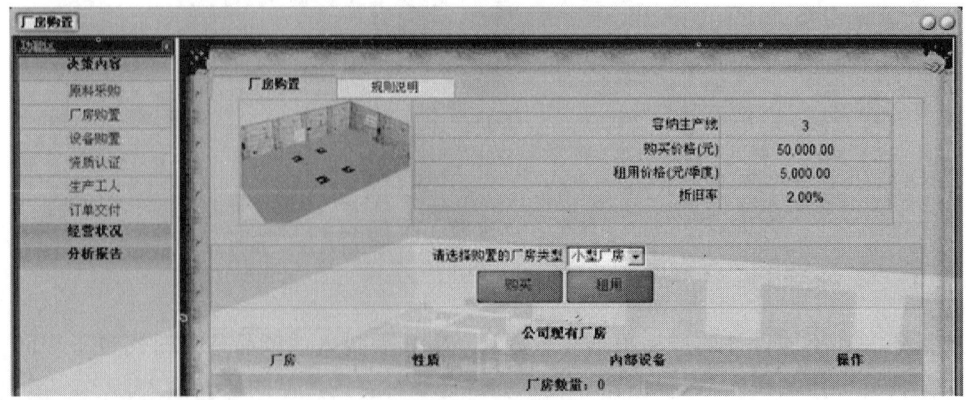

设备购置：在拥有了厂房后，可以购买设备安置到指定的厂房中。

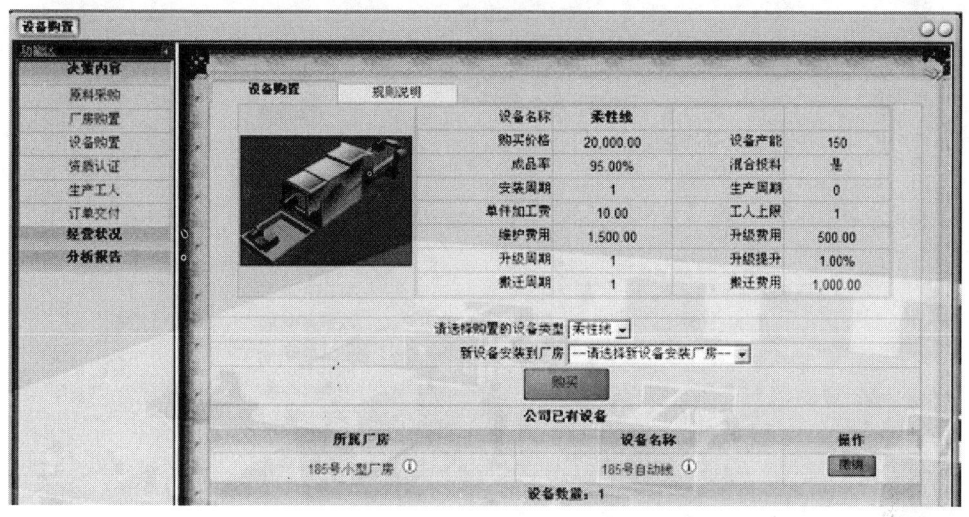

资质认证：部分市场需要通过认证才能进入。根据商业新闻资料的提示，安排公司的认证计划。

生产工人：安排工人的培训计划，提交给人力资源部安排培训，提升技能。

订单交货：公司拿到销售订单后，根据存货情况安排订单交货。输入要交付的订单数量，单击"发货"即可。

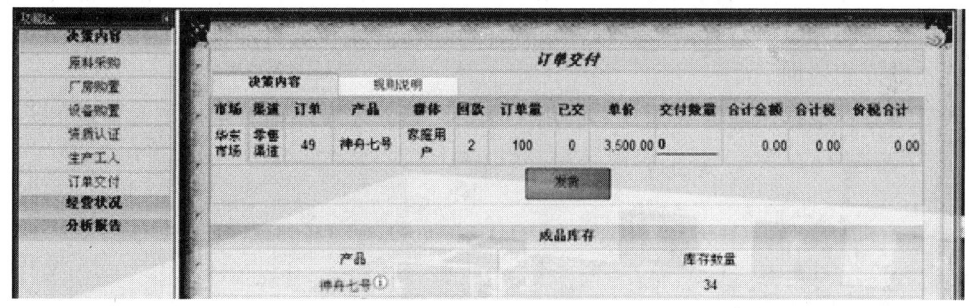

3. 生产车间

如需要进行生产排产，需要首先进入到"生产车间"，单击后会跳出厂房选择窗口。

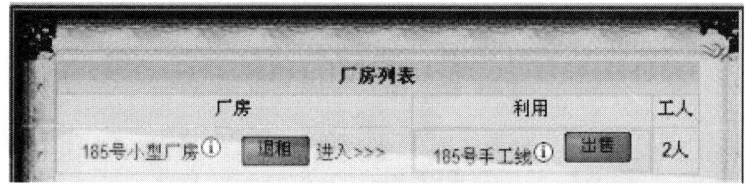

选择需要进入的厂房，单击"进入"，进入到厂房内部后可以看到该厂房内的所有生产设备。单击要安排生产计划的生产线，在弹出的窗口中对该生产线进行生产排产或相关操作。

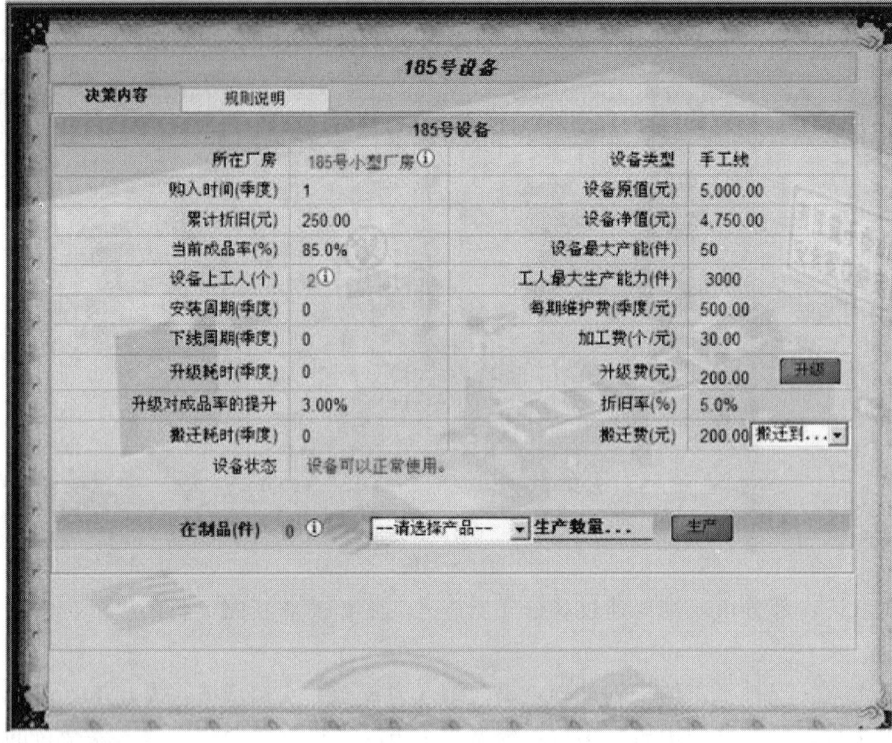

4. 人力资源部

人力资源部负责公司人员的招募工作，包括生产线上的操作工人和销售部的销售人员。为招募到的人员签订合同，办理保险。并根据制造部和销售部提出的培训计划，对相关人员安排技能培训。

人员招募：根据制造部和销售部的用人计划，到人才市场招募生产工人和销售人员。

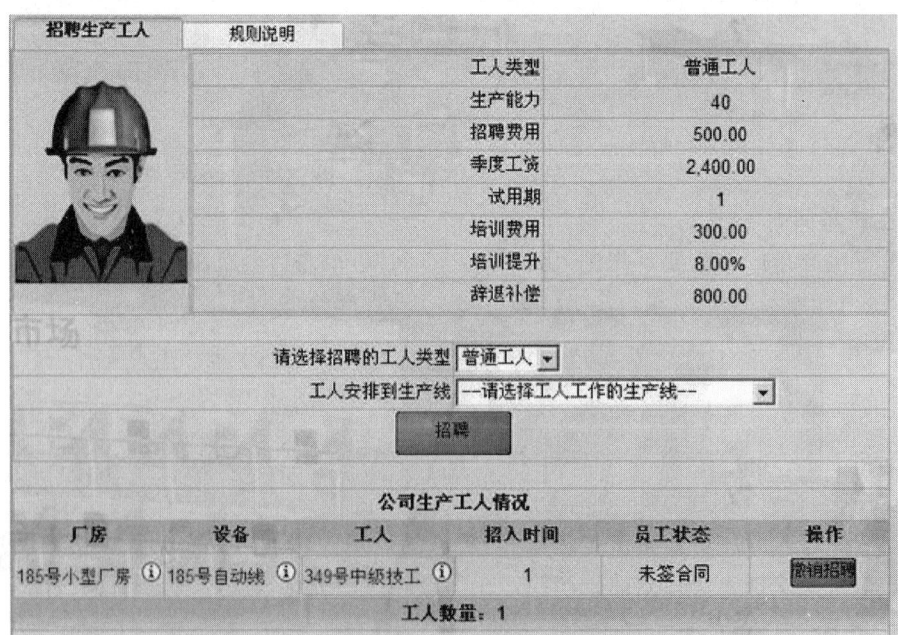

第五节 创业管理

签订合同：为公司所有人员签订劳动合同，办理养老保险，包括所有管理层人员、招募的生产工人和销售人员等。

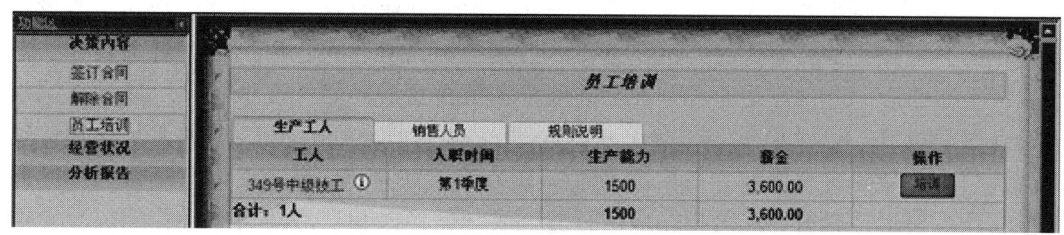

员工培训：可以为操作工人和销售人员安排培训，以提升人员技能。如要安排培训，首先由相关部门提交培训计划，如要对生产工人培训，首先到制造部安排培训计划。

再转到人力资源部，可以看到制造部提交的生产工人培训计划。单击"培训"按钮，即可安排对该名工人的技能培训。

5. 市场部

市场部负责公司市场整体推广工作，包括区域市场的开发以及产品在市场上的广告宣传投入。

市场开发：根据公司战略，选择相关的市场投入费用开发。

广告宣传：针对公司的每一个产品制订本季度的广告宣传计划。

6. 销售部

销售部负责公司产品的对外销售工作。销售部要负责销售人员的岗位安排，以及针对每一个市场的不同情况，制订产品在不同市场上的报价策略。

第六节 总 结

总结来说，创业之星软件是模拟的一个从有到无创业型企业，结合严密和精心设计的商业模拟管理模型及企业决策博弈理论，全面模拟真实企业的创业运营管理过程。能够使同学们熟悉一下创业的流程和在创业初期需要注意的问题，这个软件更能激发同学们的发散型思维，以及创造力、创新力。学生在虚拟商业社会中完成企业从注册、创建、运营、管理等所有决策。在模拟过程中参与者分为多个小组，模拟多个企业在共同的市场环境中进行竞争，并承担相应的任务和责任，经过相互的沟通和合作完成企业运营过程中的决策。一个有效率的团队，必然需要一个明确的分工，需要根据队员自身的特点进行分工。分工不宜太细，要保证互相之间具备信息的有效交流，且所有人应当对目前的策略及即将做出的决策有充分的了解，协助 CEO 做出合适的决策，决策一旦做出，团队即应团结一致，并有应对意外状况的心理准备。要使整体获得最优的最好的决策那就是从评价体系倒推，权衡各项决策对指标的影响，最终通过一系列指标综合评价虚拟企业的经营绩效。

第六节 总　　结

为了培养学生的实践能力、动手能能力，使理论与实践相结合，提升大学生的综合能力，我们在学习理论知识的同时利用模拟软件多进行模拟实践的操作对抗，让理论指导实践，由于模拟软件具备体验性，互动性，实战型，竞争性，综合性和有效性提高同学们的学习兴趣，同时也增强了同学们的实践能力。

附录：创业计划书模板

创 业 计 划 书

企 业 名 称：

创 业 者 姓 名：

日　　　期：

通 信 地 址：

邮 政 编 码：

电 话／手 机：

传　　　真：

电 子 邮 件：

附录：创业计划书模板

目 录

一、企业概况 ··· 140

二、创业计划作者的个人情况 ··· 140

三、市场评估 ··· 140

四、市场营销计划 ·· 140

五、企业组织结构 ·· 142

六、固定资产 ··· 143

七、流动资金（月） ·· 145

八、销售收入预测（12个月） ··· 147

九、销售和成本计划 ·· 148

十、现金流量计划 ·· 149

一、企业概况

主要经营范围：＿＿＿＿＿＿＿＿＿＿＿＿＿＿＿＿＿＿＿＿＿＿＿＿＿＿

企业类型（选择一项并打■）：

☐生产制造　　☐零售　　☐批发　　☐服务　　☐农业

☐新型产业　　☐传统产业　　☐其他

二、创业计划作者的个人情况

以往的相关经验（包括时间）：＿＿＿＿＿＿＿＿＿＿＿＿＿＿＿＿＿＿

教育背景，所学习的相关课程（包括时间）：＿＿＿＿＿＿＿＿＿＿＿＿

三、市场评估

目标顾客及潜在顾客描述：＿＿＿＿＿＿＿＿＿＿＿＿＿＿＿＿＿＿＿＿

市场容量或本企业预计市场占有率：＿＿＿＿＿＿＿＿＿＿＿＿＿＿＿＿

市场容量的变化趋势及前景：＿＿＿＿＿＿＿＿＿＿＿＿＿＿＿＿＿＿＿

SWOT 分析

优势	劣势
1.	1.
2.	2.
3.	3.
4.	4.
5.	5.

机会	威胁
1.	1.
2.	2.
3.	3.
4.	4.
5.	5.

四、市场营销计划

（1）产品。

产品或服务	主要特征

（2）价格。

产品或服务	成本价	销售价	竞争对手的价格
折扣销售			
赊账销售			

（3）地点。

1）选址细节：

地址	面积/m²	租金或建筑成本

2）选择该地址的主要原因：_____
_____
_____

3）销售方式（选择一项并打■）：

将把产品或服务销售或提供给：□最终消费者　□零售商　□批发商

4）选择该销售方式的原因：_____
_____

（4）促销。

人员推销		成本预测	
广告		成本预测	
公共关系		成本预测	
营业推广		成本预测	

五、企业组织结构

企业将登记注册成：_____

☐个体工商户　　　　　　　　☐有限责任公司
☐个人独资企业　　　　　　　☐其他
☐合伙企业

拟定的企业名称：_____
企业组织结构图：

员工工作描述书（包括工作岗位说明、部门管理规范等，可另附页）：

职务	月薪
业主或经理	
员工	

企业将获得的营业执照、许可证：

类型	预计费用
_____	_____
_____	_____
_____	_____

企业的法律责任（保险、员工的薪酬、纳税）：

种类	预计费用
_____	_____
_____	_____
_____	_____

合伙（合作）人与合伙（合作）协议：

条款＼内容＼合伙人				
出资方式				
出资数额与期限				
利润分配和亏损分摊				
经营分工、权限和责任				
合伙人个人负债的责任				
协议变更和终止				
其他条款				

六、固定资产

（1）工具和设备。根据预测的销售量，假设达到100％的生产能力，企业需要购买以下设备：

名称	数量	单价	总费用/元

供应商名称	地址	电话或传真

（2）交通工具。根据交通及营销活动的需要，拟购置以下交通工具：

名称	数量	单价	总费用/元

供应商名称	地址	电话或传真

（3）办公家具和设备。办公室需要以下设备：

名称	数量	单价	总费用/元

供应商名称	地址	电话或传真

（4）固定资产和折旧概要。

项目	价值	年折旧/元

七、流动资金（月）

（1）原材料和包装。

项目	数量	单价	总费用/元

供应商名称	地址	电话或传真

（2）其他经营费用（不包括折旧费和贷款利息）。

项目	费用/元	备注

八、销售收入预测（12个月）

销售的产品或服务	销售情况\月份	1	2	3	4	5	6	7	8	9	10	11	12	合计
(1)	销售数量													
	平均单价													
	月销售额													
(2)	销售数量													
	平均单价													
	月销售额													
(3)	销售数量													
	平均单价													
	月销售额													
(4)	销售数量													
	平均单价													
	月销售额													
(5)	销售数量													
	平均单价													
	月销售额													
(6)	销售数量													
	平均单价													
	月销售额													
合计	销售总量													
	销售总收入													

九、销售和成本计划

项目	金额\月份	1	2	3	4	5	6	7	8	9	10	11	12	合计
销售	含税销售收入													
	增值税													
	销售净收入													
成本	原材料(列出项目)													
	(1)													
	(2)													
	(3)													
	业主工资													
	员工工资													
	租金													
	营销费用													
	公用事业费													
	维修费													
	折旧费													
	贷款利息													
	保险费													
	登记注册费													
	总成本													
	利润													
税费	企业所得税													
	个人所得税													
	其他													
	净收入(税后)													

十、现金流量计划

	金额　　月份 项目	1	2	3	4	5	6	7	8	9	10	11	12	合计
现金流入	月初现金													
	现金销售收入													
	赊销收入													
	贷款													
	其他现金流入													
	可支配现金（A）													
现金流出	现金采购支出（列出项目）													
	（1）													
	（2）													
	（3）													
	赊购支出													
	业主工资													
	员工工资													
	租金													
	营销费用													
	公用事业费													
	维修费													
	贷款利息													
	偿还贷款本金													
	保险费													
	登记注册费													
	设备													
	其他（列出项目）													
	税金													
	现金总支出（B）													
	月底现金（A－B）													

参 考 文 献

[1] 彼得·德鲁克. 创新与企业家精神[M]. 蔡文燕,译. 北京:机械工业出版社,2007.
[2] 爱德华·德·博诺. 六项思考帽[M]. 冯杨,译. 太原:山西人民出版社,2008.
[3] R. 梅雷迪思·贝尔滨. 管理团队:成败启示录[M]. 北京:机械工业出版社,2001.
[4] 李肖鸣,孙逸,宋柏红. 大学生创业基础[M]. 3版. 北京:清华大学出版社,2016.
[5] 张海霞. iCAN创新创业之路[M]. 北京:机械工业出版社,2015.
[6] 奚国泉,徐林海,徐国华. 创新创业实训教程[M]. 北京:清华大学出版社,2012.
[7] 刘磊. 大学生创新创业基础[M]. 北京:中国水利水电出版社,2015.
[8] 郑丹瑜,杜阳,刘桂荣. 大学生创业融资方式比较分析[J]. 中国集体经济,2012(15).